Sinclair B. Ferguson

Sag mal - wer ist Jesus?

33 Antworten auf eine wichtige Frage

ONCKEN VERLAG WUPPERTAL UND KASSEL

Die englische Originalausgabe erschien
unter dem Titel »The Big Book of Questions & Answers about Jesus«
bei Christian Focus Publications Ltd., Tain, Scotland
© 2000 Sinclair B. Ferguson
Illustrationen und Umschlagzeichnungen: Diane Matthes

Deutsch von Beate Tarrach

Die Bibelzitate folgen im Allgemeinen
der Übersetzung »Hoffnung für alle«,
Brunnen Verlag Basel und Gießen,
© 1996 by International Bible Society

© 2001 der deutschen Ausgabe:
Oncken Verlag Wuppertal und Kassel
Umschlaggestaltung: Dietmar Reichert, Dormagen
Gesamtherstellung: Breklumer Druckerei Manfred Siegel KG
ISBN 3-7893-7995-6
Bestell-Nr. 627 995

INHALT

Hast du auch so viele Fragen über Jesus?

* Manche können deine Lehrer beantworten.
* Manche beantworten andere Leute.
* Manchmal findet man Antworten in einem Buch oder beim Fernsehgucken.

Aber es gibt viele Fragen über Jesus, die eigentlich nur er selbst beantworten kann.

Vielleicht hast du bisher diese Fragen nie laut gestellt. Aber sie sind in dir drin. Du denkst über sie nach, wenn du allein bist. Vielleicht liegst du sogar manchmal abends wach im Bett und denkst über sie nach. Wo kannst du noch Antworten finden?

Jesus beantwortet unsere Fragen in der Bibel. Die meisten Fragen, die mit ihm zusammenhängen, werden in den Teilen der Bibel beantwortet, die man »Evangelien« nennt. Evangelium bedeutet »gute Nachricht«.

Das Buch, das du jetzt in den Händen hältst, will dir helfen, mehr über Jesus zu erfahren.

Ich habe es für dich geschrieben!

Und ich hoffe, dir macht das Lesen genauso viel Spaß wie mir das Schreiben.

Dein Sinclair B. Ferguson

Jesus als Junge

Frage 1-5

? Was bedeutet der Name »Jesus«?

Mütter und Väter suchen meistens einen Namen für ihr Kind, bevor es geboren wird. Oft wählen sie zwei Namen aus: einen für ein Mädchen, einen für einen Jungen. So stehen unsere Namen schon fest, bevor jemand weiß, wie wir eigentlich sind.

Aber gut, dass wir Namen haben – oder hättest du gern bloß eine Nummer?

Eltern suchen die Namen ihrer Kinder aus ganz verschiedenen Gründen aus. Vielleicht finden sie einen Namen einfach schön, vielleicht heißt jemand aus der Familie so, vielleicht trägt ein Mensch, den die Eltern mögen, diesen Namen, und sie hoffen, dass ihr Kind diesem Menschen ein wenig ähneln wird.

Die meisten Namen bedeuten etwas. Oft kommt diese Bedeutung aus einer anderen Sprache und man muss den Namen »übersetzen«, um ihn zu verstehen.

Für Jesus hat Gott den Namen ausgedacht. Und er hat ihn gewählt, weil er eine besondere Bedeutung hat. Der Name Jesus kommt aus dem Hebräischen und heißt »Gott rettet«. Ein schöner Name, oder?

Gott hat den Engel Gabriel zu Maria geschickt, um ihr zu sagen, dass sie ein Baby bekommen würde, einen kleinen Jungen. Maria liebte Gott und wollte ihm dienen. Der Engel Gabriel sagte ihr auch, sie solle den Jungen Jesus nennen.

Maria war verlobt mit Josef. Er war ein guter Mann. Auch zu ihm sandte Gott einen Engel, damit er über das Baby Bescheid wusste. Der Engel erklärte Josef auch, warum der Name so wichtig war. Gabriel sagte zu Josef: »Jesus wird die Menschen von ihren Sünden erretten.«

So wussten Maria und Josef gleich zu Anfang, noch bevor er geboren war, wozu Jesus in die Welt kommen sollte.

Sie haben sicher viel über das nachgedacht, was der Engel ihnen verkündet hat. Und haben sich gefragt, wie Jesus es wohl schaffen würde, seine schwere Aufgabe zu erfüllen.

Und genau darum geht es auch in diesem Buch. Auf jeder Seite wirst du ein bisschen mehr über Jesus erfahren.

? Was bedeutet der Name »Jesus«?

! Der Name Jesus bedeutet: Gott rettet.

Im Alten Testament wird erzählt, wie Mose eines Tages Gottes Stimme aus einem brennenden Busch hörte. Er fragte Gott: »Wer bist du? Hast du einen Namen?« Und Gott sagte: »Ich bin, der ich bin. Das ist mein Name.«

Von da an gebrauchte das Volk Israel diesen Namen. Im Hebräischen heißt das JAHWE. Und dieser Gott JAHWE sagte zu Mose: »Ich will das Volk Israel aus der Sklaverei in Ägypten befreien und es in ein neues Land führen. Ich will es retten.«

Der Mann, der dann mit dem Volk Israel in das von Gott versprochene Land zog, hieß Josua. Auch dieser Name bedeutet: Gott rettet.

So wie Gott sein Volk Israel aus der Sklaverei in Ägypten befreit hat, wollte er alle Menschen aus einer anderen Gefangenschaft erretten: Er wollte uns von unseren Sünden befreien, die uns gefangen halten. Deshalb versprach Gott schon vor langer Zeit einen neuen Retter.

Für viele, viele Jahre blieb dieser Plan Gottes verborgen, aber es gab einige Menschen, denen er etwas davon mitteilte: die Propheten.

Einige von ihnen schrieben auf, was Gott ihnen über den neuen Retter sagte, damit es nicht in Vergessenheit geriet. Als dann Jesus geboren wurde, gab es deshalb Menschen, die schon lange auf den versprochenen Retter warteten. Sie waren ganz sicher, dass Gott sein Versprechen halten würde.

Jesus ist dieser Retter. Deswegen bekam er seinen Namen: Gott rettet.

Sie wird einen Sohn bekommen, den sollst du Jesus nennen, das heißt Retter. Denn er wird sein Volk von den Sünden befreien. (Matthäus 1,21)

Lies nach

Lies in Matthäus 1,18-25 nach, wie Jesus zu seinem Namen kam.

Red drüber

Frag deine Mutter oder deinen Vater, ob dein Name eine besondere Bedeutung hat. Warum haben sie dir diesen Namen gegeben? Hast du Geschwister? Was bedeuten ihre Namen?

Fang an

Lies 2. Mose 3 und mal ein Bild von diesem Ereignis. Hast du eine Idee, wie du die Worte Gottes in deinem Bild mit darstellen kannst?

? Wo und wann hat Jesus gelebt?

Jesus wurde in Bethlehem im Land Judäa geboren. Damals beherrschten die Römer große Teile der Welt. Sie hatten einen Kaiser. Anderen Völkern war es erlaubt, ihre eigenen Könige zu behalten – solange sie den römischen Kaiser anerkannten und ihm gehorchten. Eigentlich hatten die anderen Könige deshalb nur wenig Macht. Der König von Judäa hieß Herodes, als Jesus geboren wurde. Er war kein guter Mann.

Der römische Kaiser Augustus ordnete um diese Zeit eine Volkszählung an. Bei einer Volkszählung werden alle Informationen über die Menschen des Landes gesammelt und aufgeschrieben. Das hilft der Regierung, die dann besser weiß, was alles zu tun ist. Manche Länder haben auch heute regelmäßig Volkszählungen.

Kaiser Augustus wollte Steuern erheben. Er brauchte Geld für das römische Reich – für Straßen und für Soldaten zum Beispiel. Dafür brauchte er natürlich viel Geld.

Wenn heute eine Volkszählung stattfindet, füllt jede Familie einfach ein Formular aus. Damals musste sich jeder aufmachen zu dem Ort, aus dem seine Familie stammte.

Maria und Josef lebten zwar in Nazareth, aber für die Volkszählung mussten sie nach Bethlehem. Das war ein langer Weg von ungefähr 140 Kilometern. Die Reise muss für

Maria sehr beschwerlich gewesen sein, denn die Geburt von Jesus stand kurz bevor.

Als sie in Bethlehem ankamen, war die Stadt völlig überfüllt. Nirgends gab es Platz für sie. Aber ein Gastwirt ließ sie wenigstens in seinem Stall schlafen. Und so wurde Jesus in einem Stall geboren.

Einige Menschen besuchten das Baby Jesus: Hirten und fremde weise Männer aus dem Osten. Auch der König Herodes wollte das Baby sehen. Er wollte es loswerden, weil er gehört hatte, dass ein neuer König geboren werden sollte. Er hatte Angst, dass dieser König ihn vom Thron stürzen könnte. Deshalb wollte er alle Jungen in Bethlehem umbringen lassen, die jünger als zwei Jahre waren. Maria und Josef konnten mit ihrem neugeborenen Baby fliehen. Sie flohen bis nach Ägypten. Erst als Herodes gestorben war, kamen sie zurück nach Nazareth, wo Jesus dann aufwuchs. Vielleicht sind sie später auch noch nach Kapernaum gezogen.

All dies geschah vor ungefähr 2000 Jahren.

? **Wo und wann hat Jesus gelebt?**

! **Jesus wurde vor ungefähr 2000 Jahren in Bethlehem geboren. Mit seinen Eltern zog er dann nach Nazareth und wuchs dort auf.**

Jesus war ein echter Mensch. Er machte Erfahrungen, wie wir sie machen. Manche davon waren für ihn bestimmt nicht leicht.

Er wurde nicht in einem sauberen, freundlichen Krankenhaus geboren, sondern in einem Stall. Schon als ganz kleines Baby musste er mit seinen Eltern fliehen, weil der König ihn töten lassen wollte.

Dann lebte er mit seinen Eltern und Geschwistern in der

kleinen Stadt Nazareth. Er beobachtete, wie sein Vater Josef mit Holz arbeitete. Dabei lernte er eine ganze Menge.

Jesus begann sein Leben ganz normal als kleines Baby. Er wurde ein Junge, dann ein Jugendlicher und schließlich ein erwachsener Mann.

Viele Jahre lang verlief sein Leben sehr ruhig. Er erlebte Dinge wie du sie erlebst. Deswegen kann er auch so gut verstehen, wie es uns geht.

Sie wickelte ihn in Windeln und legte ihn in eine Krippe; denn sie hatten sonst keinen Raum in der Herberge. (Lukas 2,7)

Lies nach

Lies in Matthäus 2,1-23 nach, was Jesus als kleiner Junge erlebt hat.

Red drüber

Frag deine Eltern, was sie mit dir erlebt haben, als du noch ein ganz kleines Kind warst. Überleg mit ihnen, wie es wohl für Maria und Josef gewesen ist, mit ihrem kleinen Baby nach Ägypten fliehen zu müssen.

Fang an

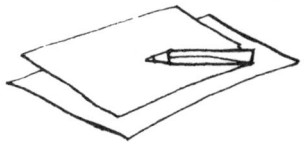

Such in deiner Bibel oder einem Bibelatlas die Landkarte Palästinas zur Zeit Jesu. Mal ihren Umriss ab und zeichne die Orte ein, in denen Jesus gelebt hat.

? Was war das Besondere an Jesus?

Schon als kleines Kind hat Jesus ganz ungewöhnliche Sachen erlebt. Erinnerst du dich daran, wie seine Eltern mit ihm nach Ägypten fliehen mussten, damit er nicht von König Herodes getötet wurde?

Als Maria und Josef dann nach Nazareth zurückkehrten, lebten sie in einem ganz normalen Haus. Und Jesus wurde erzogen wie die anderen kleinen Jungen um ihn herum auch.

Aber in manchen Dingen unterschied er sich von den anderen. Zum einen durch seinen Namen, der schon zum Ausdruck brachte, was seine Aufgabe war: Er war der Retter.

Aber da war noch etwas anderes. Schon im Alten Testament hat Gott einen Retter für die Welt versprochen. Die Männer, die diese Verheißungen an die Menschen weitergaben, hießen Propheten. Einer von ihnen, Jesaja, hat geweissagt, dass Gott ein ganz besonderes Kind senden würde.

Wir kommen alle durch unseren Vater und unsere Mutter auf die Welt.

Aber bei dem Kind, das Gott versprochen hatte, sollte es anders sein. Gott war sein Vater. Und Gott vertraute sein Kind Maria und Josef an, die es großzogen.

Jesus war ein richtiger Mensch – wie wir.

Aber er war auch ganz anders als wir, er war Gott. Er war Gott und Mensch zugleich!

Und in noch einem Punkt war er anders als wir: Jesus hat nie gesündigt.

? Was war das Besondere an Jesus?

! Jesus war Gott und Mensch zugleich.

Wenn wir etwas nicht verstehen, aber verstehen wollen, hören wir oft Erklärungen, die mit »das ist wie ...« beginnen. Das geht bei der Frage, wie Jesus denn Gott und Mensch sein konnte, nicht. Denn da gibt es einfach nichts Vergleichbares. Wir können nicht wirklich verstehen, wie Jesus beides zugleich sein konnte, aber das Neue Testament sagt uns, dass Jesus ganz Mensch UND ganz Gott war. Das ist ein großes Geheimnis. Es ist keine Rätselfrage, die man irgendwie lösen kann.

Jesus tat Dinge, die nur Gott kann. Er brachte einen Sturm zum Schweigen. Er heilte unheilbar Kranke. Jesus konnte sogar Tote auferwecken. Und er vergibt uns unsere Schuld.

Andererseits war er aber auch ein ganz normaler Mensch. Er hatte Angst. Er wurde müde. Er weinte. Und er starb.

Weil er wirklich Mensch war, kann er uns verstehen.

Weil er wirklich Gott ist, hat er die Kraft uns zu helfen.

Eine Jungfrau wird schwanger werden und einen Sohn bekommen. Den wird man Immanuel nennen. Das bedeutet »Gott ist mit uns«. (Matthäus 1,23)

Lies nach

Lies in Lukas 1,26-38 nach, wie Jesus der Sohn von Josef und Maria und zugleich der Sohn Gottes ist.

Red drüber

Welche Erfahrungen hat Jesus als Kind und Jugendlicher wohl gemacht, die zeigen, dass er wirklich Mensch war?

Fang an

Mal fünf Gesichter: ein glückliches, ein erschrockenes, ein ernstes, ein zorniges und ein verweintes.
Wenn du fertig bist, dann guck sie dir noch mal genau an.
Jesus hat auch so geguckt – er war nämlich wirklich ein Mensch.

? Wie war Jesus als Kind und Jugendlicher?

Jesu Leben begann ziemlich haarsträubend. Kannst du dir vorstellen, wie es wohl ist, wenn dich deine Mutter einpackt und du mit deinen Eltern in ein Land fliehen musst, in dem niemand deine Sprache spricht?

Und das Baby Jesus hat die Angst seiner Eltern bestimmt gespürt. Aber zum Glück konnten Maria und Josef nach dem Tod des Herodes nach Nazareth zurück. Hier arbeitete Josef als Zimmermann. Wahrscheinlich stellte er ganz verschiedene Dinge aus Holz her: Tische und Stühle, vielleicht auch Teller und Schüsseln. Er baute Türen und Fenster und auch ganze Dächer. Er wird Werkzeug und Karren für andere Handwerker gebaut haben, und Pflüge und Joche für die Bauern. Es war damals wichtig, einen Zimmermann in der Nähe zu haben.

Josef lehrte Jesus dieses Handwerk. Als Jesus jung war, hatte er bestimmt seine eigenen kleinen Werkzeuge. Vielleicht hat Josef ihm welche gemacht.

Nicht lange bevor Jesus geboren wurde, bestimmte ein neues Gesetz, dass alle Jungen zur Schule gehen mussten (die Mädchen wurden zu Hause von ihren Müttern unterrichtet). Jesus lernte also rechnen und schreiben und lesen. Und er las die Bibel – das Alte Testament – und lernte viele, teilweise sehr lange Abschnitte davon auswendig.

Als Jesus zwölf war, nahmen Maria und Josef ihn mit nach Jerusalem, um den Tempel zu besuchen. Sie reisten gemeinsam mit vielen Verwandten und Bekannten. Jeder achtete auf jeden, deshalb machte sich keiner Sorgen um die Kinder. So kam es, dass Maria und Josef erst auf dem Heimweg bemerkten, dass Jesus nicht mehr da war. Sie kehrten sofort um und gingen zurück nach Jerusalem, um ihn zu suchen. Und sie fanden ihn – im Tempel. Dort fragte er die Gelehrten nach Dingen aus der Heiligen Schrift. Die Lehrer waren sehr beeindruckt, denn Jesus stellte gute Fragen. Und er gab auch Antworten, die für sie ungewöhnlich waren.

Maria und Josef waren fassungslos! Jesus versuchte seine Mutter zu beruhigen: »Ihr hättet doch wissen müssen, dass ich hier im Hause meines Vaters sein muss.« Das verwirrte seine Eltern noch mehr.

Du kannst dir sicher vorstellen, dass Maria danach immer ganz genau auf Jesus aufgepasst hat. Er wurde größer und gescheiter. Die Menschen mochten ihn. Gott liebte ihn.

? Wie war Jesus als Kind und Jugendlicher?

! Jesus lernte, arbeitete, lebte bei seiner Familie und liebte sie und seinen himmlischen Vater.

Manche Erwachsenen glauben, als Kind könnte man noch nichts von Gott verstehen. Aber das galt nicht für Jesus – und es gilt auch nicht für dich.

Wie Jesus kannst du zum Beispiel das Wort Gottes kennen lernen. Wie Jesus kannst du Fragen stellen über Gott und seine Liebe. Und manchmal sehen Kinder Dinge in der Bibel, die Erwachsene gar nicht bemerken.

Jesus dachte so viel über Gottes Worte nach, dass er sicher war, was Gott von ihm wollte.

Und Jesus gehorchte Gottes Wort. Er ehrte Mutter und Vater, wie es das 4. Gebot verlangt. Obwohl er von Gott selbst kam, hat er sich ihnen als Kind untergeordnet und getan, was sie sagten. Er liebte Gott und er liebte seine Eltern, auch wenn sie ihn nicht wirklich verstanden.

Jesus nahm zu an Weisheit, Alter und Gnade bei Gott und den Menschen. (Lukas 2,52)

Lies nach

Lies Lukas 2,41-51. Dies ist die einzige Geschichte in der Bibel, in der uns berichtet wird, was Jesus als Kind getan hat.

Red drüber

Was kannst du von Jesus lernen? Frag deine Mutter und deinen Vater und deine Geschwister, falls du welche hast. Was fällt dir selbst ein?

Fang an

Stell dir vor, Jesus wäre so alt wie du jetzt, und du könntest eine Woche mit ihm im Haus seiner Eltern wohnen. Wie würde diese Woche wohl aussehen? Schreib dir einen Wochenplan auf, und vergiss dabei nicht, dass für das Volk Israel der Samstag der Ruhetag ist.

? **W**ie konnte Jesus wissen, was Gott von ihm erwartete?

Jesus erlebte schon als Junge ganz schön abenteuerliche Sachen: die Flucht nach Ägypten, die Diskussion mit den Schriftgelehrten im Tempel. Maria und Josef haben sich bestimmt gefragt, was da noch so alles kommen würde.

Aber Gott hatte ihnen ja gesagt, dass ihr Sohn etwas Besonderes war. Wie hat Jesus gewusst, was Gott von ihm wollte?

Wir wissen es nicht genau, aber vermutlich war es so: Jesus las in der Bibel, im Alten Testament. Er hatte kein eigenes Exemplar zu Hause. Er las in der Schule aus Schriftrollen und lernte wie die anderen Jungen die Texte auswendig. Er kannte sich also aus in den Schriften, er betete und bestimmt dachte er bei seiner Arbeit als Zimmermann viel darüber nach.

In den Büchern der Propheten ist immer wieder von einem besonderen Gesandten Gottes die Rede. Einmal wird er »Gottesknecht« genannt, ein anderes Mal »Menschensohn« oder »Sohn Gottes«.

Die Propheten sahen voraus, dass dieser Mann Gottes Herrschaft unter den Menschen aufrichten würde. Jesus begriff, dass er selbst damit gemeint war.

? Wie konnte Jesus wissen, was Gott von ihm erwartete?

! Jesus lernte Gottes Willen für sein Leben kennen, indem er Gottes Wort las, darüber nachdachte und ihm gehorchte.

Als Jesus begann, über das Wort Gottes nachzudenken, erkannte er, dass Gott von Anfang an ein Versprechen gegeben hat: Er würde einen Retter senden.

Durch seine Propheten hatte Gott immer wieder Hinweise darauf gegeben, wie dieser Retter sein würde. Er ließ die Menschen wissen, dass ein König kommen werde. Er erklärte ihnen, dass sie einen Priester brauchten, der die Menschen wirklich mit Gott in Verbindung bringen konnte. Er versprach ihnen einen Propheten, der ihnen alles – wirklich alles – erklären könnte.

Aber nur Jesus konnte wirklich verstehen, wer diese Person war. Denn Jesus selbst ist dieser Retter. Die ganze Heilige Schrift weist auf ihn hin. Er ist der Erlöser, den Gott versprochen hat.

Morgen für Morgen weckt er mich, und dann höre ich zu: Der Herr lehrt mich wie ein Lehrer seinen Schüler. (Jesaja 50,4)

Lies nach

Lukas 4,16-30 berichtet von einer Situation, in der Jesus sagte: »Diese Verse der Schrift reden von mir.«

Red drüber

Mach mit deiner Familie einen Plan, der dir hilft, Gottes Wort besser kennen zu lernen.

Fang an

Nimm dir vor, das Markus-Evangelium zu lesen. Das ist keine einfache Aufgabe! Such dir dafür eine Bibel, die in moderner Sprache geschrieben ist und Überschriften für die einzelnen Geschichten enthält. Mach dir einen Plan für die nächsten zwei Monate und schreib auf, welchen Abschnitt du an welchem Tag lesen willst – oder welchen deine Eltern dir vorlesen sollen. Fange aber erst an, wenn du mit diesem Buch hier fertig bist.

Jesus verlässt sein Elternhaus

Frage 6-7

? Warum ließ sich Jesus taufen?

Die Bibel Jesu war das, was wir das Alte Testament nennen. Beim Studium dieser Schriften wurde Jesus deutlich, was der Plan Gottes für sein Leben war. Er wusste, dass er eines Tages seine Familie verlassen musste. Das tat er, als er etwa dreißig Jahre alt war. Er ging aus Nazareth weg. Er begann zu predigen und Wundertaten zu vollbringen.

Aber vorher musste er noch etwas anderes tun. Jesus hatte einen Verwandten, der Johannes hieß. Johannes war nur ein paar Monate älter als Jesus. Und wie Jesus hatte auch er viel über die Verheißungen nachgedacht, die Gott seinem Volk gegeben hatte. Gott hatte Johannes gezeigt, dass der versprochene Retter bald kommen würde. Johannes sah, dass sein Volk nicht bereit war, diesen König zu empfangen. Deshalb begann er zu predigen. Seine Botschaft war ganz klar: »Der König wird bald kommen. Bereitet euch auf ihn vor!« Er ermahnte die Menschen, von ihrer Sünde umzukehren und sich auf die Ankunft von Gottes König vorzubereiten. Und er taufte die Menschen, die seine Botschaft ernst nahmen, im Jordan. Dies sollte ein Zeichen dafür sein, dass sie von ihren Sünden gereinigt waren. Tausende hörten ihm zu. Er erzählte ihnen, dass Gottes Königreich bald beginnen würde. Und sie versprachen, sich von ihren Sünden und ihrem alten Leben zu trennen. Und dann taufte Johannes diese Menschen.

Eines Tages, als Johannes wieder Menschen taufte, sah er Jesus in der Menge warten. Jesus musste nicht wegen seiner eigenen Sünden getauft werden, denn als Sohn Gottes war er ohne Sünde. Deshalb sagte Johannes zu ihm: »Jesus, du solltest mich taufen.«

Aber Jesus war als unser Retter gekommen. Er wusste, dass er die schwere Last *unserer* Schuld tragen sollte. Er sagte zu Johannes: »Lass es so geschehen, denn wir müssen alles tun, was Gott will.«

So wurde Jesus von Johannes getauft. Und während dieser Taufe kam der Heilige Geist zu Jesus. Er sah aus wie eine Taube. Da wusste Johannes, dass Jesus der von Gott versprochene König war.

Und Gottes Stimme war zu hören: »Dies ist mein lieber Sohn, an dem ich Freude habe. Ihn habe ich erwählt.«

So wurde Jesus zwischen all diesen Menschen getauft, die ihre Sünden bekannten. Es war ein Zeichen dafür, dass er ihr Retter werden sollte. Und Jesus wusste etwas, was die Menschen um ihn herum nicht wussten: Eines Tages würde er am Kreuz sterben, und auch da würden Sünder neben ihm hängen.

? Warum ließ sich Jesus taufen?

! Jesu Taufe war ein Zeichen dafür, dass er die Sünde der Welt wegnehmen würde.

Gott erklärt den Menschen sein Tun und seinen Willen oft mit besonderen Zeichen. Manche dieser Zeichen stehen für die Dinge, die Menschen am dringendsten von Gott brauchen. Eines dieser Zeichen ist das Abwaschen mit Wasser. Es zeigt, dass wir von unseren Sünden gereinigt werden müssen.

Auch Johannes der Täufer benutzte Wasser als ein Zeichen. Wenn er Menschen im Jordan taufte, war das ein Zeichen dafür, dass Gott sie von ihrer Schuld reinigen wollte. Jesus hatte keine Schuld in seinem Leben; er musste nicht gereinigt werden. Aber er kam, um unsere Schuld zu tragen. Unsere Schuld wurde auf ihn geladen.

Johannes sah Jesus zu sich kommen und sprach: Siehe, das Lamm Gottes, das die Sünde der Welt wegnimmt! (Johannes 1,29)

Lies nach

Lies in Johannes 1,19-34 nach, was bei der Taufe Jesu geschah.

Red drüber

Bist du getauft? Was bedeutet die Taufe heute bei uns?

Fang an

Kannst du ein Bild von einer Taufe malen? Schreib darunter: Getauft zu werden bedeutet ...

? Was erlebte Jesus, als er allein in der Wüste war?

Als Jesus getauft wurde, erfüllte ihn der Geist Gottes. Darauf hatte Jesus schon jahrelang gewartet. Jetzt sollte er den Menschen predigen. Und er sollte Wunder tun, um den Beginn der Gottesherrschaft zu zeigen. Jesus war einzigartig. Da konnte doch nichts schief gehen, oder?

Aber als Allererstes geschah etwas ziemlich Seltsames: Der Geist Gottes führte Jesus für vierzig Tage in die Wüste. Da gab es keine anderen Menschen; da gab es nichts zu essen. Aber jede Menge wilde Tiere, die ihn angreifen konnten. Vierzig Tage lang hatte Jesus nichts zu essen. Und dann kam der Teufel zu ihm, um ihn auf die Probe zu stellen.

Ganz am Anfang der Zeit, als Adam und Eva im Paradies lebten, stellte der Teufel sie auch auf die Probe. Sie konnten ihm nicht widerstehen, sie sündigten. Später, als Gott das Volk Israel aus Ägypten befreit hatte, mussten die Israeliten durch die Wüste gehen, um in das von Gott versprochene Land zu kommen. Auch sie wurden vom Teufel auf die Probe gestellt. Und sie sündigten und vertrauten Gott nicht mehr. Vierzig Jahre lang führte Gott sie durch die Wüste, und nur zwei Menschen gelangten schließlich in das von Gott versprochene Land.

Und auch Jesus musste in die Wüste gehen. Der Teufel

stellte ihn drei Mal auf die Probe. Die Bibel nennt das die »Versuchung« Jesu.

Jesus muss sehr hungrig gewesen sein und er fühlte sich bestimmt schwach. Der Teufel sagte: »Jesus, du bist hungrig. Verwandle doch einige Steine in Brot für dich. Gebrauche die Kraft, die Gott dir gegeben hat – wenn du wirklich Gottes Sohn bist.«

»Nein«, entgegnete Jesus, »es steht geschrieben: ›Der Mensch lebt nicht vom Brot allein, sondern vom Wort Gottes.‹«

Der Teufel versuchte es anders: »Die Bibel verspricht, dass Gottes Engel dich vor Schaden bewahren können. Versuche es! Spring von der Spitze des Tempels!« Natürlich kannte Jesus die Bibelstelle, von der der Teufel sprach. Er wusste, dass Gott ihn durch seine Engel beschützen könnte. Aber er erkannte, dass der Teufel ihn dazu bringen wollte, ihm zu gehorchen und nicht mehr Gottes Willen zu tun. Deshalb sagte er: »Es steht auch geschrieben, dass wir den Herrn, unseren Gott, nicht auf die Probe stellen sollen.«

Schließlich sagte der Teufel, was er eigentlich wollte. »Ich will dir die ganze Welt geben, wenn du mich anbetest!« Da entgegnete Jesus ihm ganz entschieden: »Geh weg, Teufel! Gott sagt, dass er der Einzige ist, den wir anbeten sollen.«

Der Teufel verschwand. Jesus hatte ihm widerstanden. Und nun kamen Engel zu ihm und dienten ihm – vielleicht hatten sie auch etwas zu essen für ihn!

? **W**as erlebte Jesus, als er allein in der Wüste war?

! **J**esus wurde vom Teufel auf die Probe gestellt, aber er blieb standhaft und sagte dem Teufel jedes Mal »nein«.

Jesus war gut. Nein, er war sogar vollkommen. Er war heilig und hat nie gesündigt. Aber Jesus wurde vom Teufel auf die Probe gestellt.

Der Teufel hat von Anbeginn der Welt gelogen und versucht, die Menschen zur Sünde zu verführen. Er mag es nicht, wenn wir uns an Gottes Liebe freuen. Er will, dass wir uns gegen Gott wenden.

Manchmal hören wir auf die Lügen des Teufels. Jesus hat das nie getan. Und je öfter wir »nein« sagen zum Teufel, desto öfter versucht er, uns ein Bein zu stellen.

Jesus hat die ganze Macht des Teufels gespürt, denn in der Wüste hatte er Hunger und Durst. Der Teufel belog Jesus. Aber Jesus gab nicht nach. Er besiegte den Teufel. Deswegen kann er uns besonders gut dabei helfen, »nein« zu sagen, wenn wir selbst in der Gefahr stehen, uns falsch zu entscheiden.

Jesus antwortete dem Teufel: Es steht geschrieben: »Der Mensch lebt nicht vom Brot allein, sondern von einem jeden Wort, das aus dem Mund Gottes geht.« (Matthäus 4,4)

Lies nach

Lies in Matthäus 4,1-11 die Geschichte von der Versuchung Jesu.

Red drüber

Hast du schon einmal so etwas wie Versuchung erlebt? Wie hast du reagiert? Wie kann Jesus dir in einer solchen Situation helfen?

Können deine Eltern eine Situation aus ihrem Leben dazu erzählen?

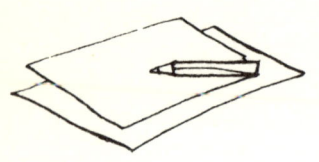

Fang an

Was isst du besonders gern? Frag deine Mutter, ob du es haben kannst. Und dann stell es neben dich, so dass du es gut sehen kannst, und versuch, es eine Stunde lang nicht anzurühren. Schwierig?

Und dann mal einen Kalender mit 41 Tagen. Bei den ersten vierzig Tagen trägst du »Jesus hatte nichts zu essen« ein. Und bei dem 41. Tag: »Jesus widerstand dem Teufel.« Ist das nicht unglaublich und wunderbar? (Steht dein Lieblingsessen noch immer neben dir? Dann kannst du es dir ja jetzt endlich schmecken lassen.)

Jesus der Lehrer

Frage 8-14

? Was hatte Jesus den Menschen zu sagen?

Drei Jahre lang ging Jesus in viele Dörfer und Städte und predigte dort. Manchmal ging er auch nach Jerusalem. Jesus sagte den Menschen vor allem das eine: »Ich habe eine gute Nachricht für euch: Das Reich Gottes ist nahe.«

Gottes Reich ist nicht ein Land wie Deutschland, England oder Australien. Es ist viel größer und umfassender. Alle Menschen, die Jesus lieben und ihm vertrauen, gehören zu diesem Reich.

Eines Tages war Jesus in seiner Heimatstadt Nazareth. In der Synagoge wurde er aufgefordert, das Wort Gottes vorzulesen und zu erklären. Jesus las die aufgeschlagene Stelle aus Jesaja 61. Dort prophezeit Jesaja einen Menschen, der randvoll ist mit Gottes Geist. Dieser Mensch würde gute Nachrichten bringen, er würde Gefangene befreien und Blinde sehend machen. Jesus las das und gab die Schriftrolle dem Mann zurück, der auf sie Acht gab (damals hatten die Menschen keine eigene Bibel). Dann setzte Jesus sich. Alle schauten ihn an. Was würde er zu dieser Stelle sagen? Er begann zu sprechen und alle hörten gespannt zu. Jesus sagte: »Heute haben sich die Worte Jesajas erfüllt.« Es war völlig still! Meinte Jesus, er sei die von Jesaja prophezeite Person? Die Menschen waren sehr aufgeregt. Aber Jesus ließ sich von ihrer Aufregung nicht anstecken. Das tat er nie. »Ihr werdet euch gegen mich wenden«, sagte er. Und nun wurden die Menschen böse. Sie versuchten sogar, ihn zu töten. Sie wollten nicht wirklich, dass Gottes Reich in ihrem Leben begann.

Der Teufel hatte Jesus nach der Versuchung verlassen, aber er suchte jetzt andere Wege, um Jesus an der Erfüllung seines Auftrags zu hindern. An diesem Tag wäre es ihm beinahe gelungen, aber Gott beschützte Jesus.

Jesus hatte den Menschen noch viel zu sagen. Aber nicht mehr denen in Nazareth. Er ging in andere Orte, um dort vom Reich Gottes zu erzählen.

? Was hatte Jesus den Menschen zu sagen?

! Jesus erzählte den Menschen vom Reich Gottes: Gott herrscht im Leben der Menschen, die an ihn glauben.

Jesus lehrte die Menschen an vielen verschiedenen Orten und auf ganz unterschiedliche Weise. Aber die Botschaft war immer dieselbe: Das Reich Gottes, die Herrschaft Gottes, ist angebrochen.

Jesus selbst war der König, den Gott versprochen hatte. Als seine Jünger begannen, Jesus zu folgen, wurden sie Bürger dieses Reiches. Als sie auf Jesus hörten, wurden sie seine Schüler und Jünger.

Jesus erklärte den Menschen, wie Gott sein Reich in dieser Welt baut. Er beschrieb, wie es wächst. Und er lehrte sie auch, dass die Menschen, die zu Gottes Reich gehören, ein anderes Leben führen als die Menschen um sie herum.

Wir sind alle in einem bestimmten Land zu Hause. Unser Land hat seine eigene Sprache, seine eigenen Gesetze und Bräuche. Wir sind Bürger dieses Landes. Die Nachfolger Jesu sind außerdem Bürger einer anderen Art von Land – nämlich des Reiches Jesu.

Im Reich Jesu lernen wir so zu reden, wie Jesus das möchte. Wir lernen so zu leben, wie Jesus es gesagt hat. Anderen Menschen wird auffallen, dass wir noch zu einem anderen Land als unserem Geburtsland gehören. Sie werden merken, dass wir uns oft anders verhalten. Und dann werden sie nach dem Grund dafür fragen. Und wir können ihnen sagen: »Wir leben im Reich Gottes.«

 Die Zeit ist erfüllt, und das Reich Gottes ist herbeigekommen. Tut Buße und glaubt an das Evangelium! (Markus 1,15)

Lies nach

In Lukas 4,14-30 kannst du nachlesen, was und wie Jesus in Nazareth gepredigt hat.

Denk drüber nach

Was meinst du, warum Menschen, die zuerst von Jesus ganz begeistert sind, sich hinterher gegen ihn wenden?

Fang an

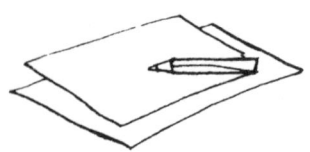

Bastle aus Papier und zwei kleinen Stöcken oder Bleistiften eine Schriftrolle. Schreibe die Worte aus der Jesaja-Rolle darauf, die Jesus in Nazareth vorgelesen hat. Du findest sie in Jesaja 61,1-2.

? **W**er waren die ersten Jünger Jesu?

Jesus ist in diese Welt gekommen, um unser Retter zu werden. Gott möchte, dass alle Menschen, die ihm vertrauen, wie eine große Familie sind. Deshalb hat Jesus von Anfang an seine Nachfolger miteinander zusammengebracht. Man nennt sie Jünger, was soviel heißt wie Schüler oder auch Vertraute.

Jesus hatte folgenden Plan: Er würde zunächst eine kleine Gruppe von Menschen um sich sammeln, sie schulen und viel Zeit mit ihnen verbringen. So könnten sie ihn kennen und ihm vertrauen lernen. Dann würde er diese Schüler aussenden, um seine Botschaft von der Liebe Gottes und der Versöhnung weiterzugeben.

Jesus wählte zwölf Männer dazu aus, seine Apostel zu werden. Apostel bedeutet »Gesandter«. Sie würden seine Botschaft schließlich bis an das Ende der Welt bringen.

Aber zuerst musste Jesus diese Männer berufen und sie lehren.

Mindestens vier der Männer, die Jesus berief, waren Fischer. Kennst du ihre Namen? Es waren zwei Brüderpaare: Jakobus und sein Bruder Johannes, Simon Petrus und sein Bruder Andreas. Die haben sich wahrscheinlich gut gekannt. Sie besaßen ihre eigene kleine Fischerei am See Genezareth. Sie gingen davon aus, dass sie ihr ganzes Leben dort verbringen, fischen und ihren Fang verkaufen würden. Aber dann hörten sie von Jesus und lauschten seiner Predigt. Eines Tages besuchte Jesus sie am See. »Verlasst eure Boote und Netze«, sagte er zu ihnen. »Ich werde euch zu Menschenfischern machen!« Und das taten sie. Sie verließen ihre Familien und alles, was sie hatten, und folgten Jesus.

Was mögen diese Männer über die anderen Männer gedacht haben, die Jesus noch berief? Sie werden sich gewundert haben, als er Matthäus rief. Sie kannten diesen Matthäus bestimmt! Er war Zöllner und trieb für die Römer Steuern ein. Zöllner waren sehr unbeliebt, sie galten als Verräter. Und sie wurden durch ihre Arbeit sehr wohlhabend.

Die Fischer waren schwer arbeitende, ehrliche Männer. Aber Jesus berief noch ganz andere zu sich. Da gab es noch einen Simon. Er war als »Zelot« bekannt. Die Zeloten wollten die Römer aus dem Land vertreiben, notfalls auch mit Gewalt.

Ein weiterer Jünger hieß Judas Iskariot. Die anderen vertrauten ihm und machten ihn zu ihrem Kassenwart. Aber Jesus kannte die Wahrheit über ihn. Er wusste, dass dieser Mann ihn eines Tages verraten würde.

Was für eine ungewöhnliche Gruppe von Männern hat Jesus sich da zusammengesucht. Aber drei Jahre später sollten sich alle über sie wundern. Sie waren bereit dazu, allen Menschen überall von Jesus zu erzählen. Sie waren sogar bereit, für ihren Glauben an ihn zu sterben – weil sie ihn liebten.

? **W**er waren die ersten Jünger Jesu?

! **J**esus berief zwölf Männer zu seinen Jüngern. Sie begleiteten ihn, lernten von ihm und ließen sich schließlich von ihm in alle Welt aussenden.

Jesus sagte, er sei gekommen, um seine Gemeinde zu gründen. Damit meinte er eine Art Familie der Leute, die ihm vertrauen. Er wollte, dass die Leute, die an Gott glauben, zusammenhalten.

Zur Zeit des Alten Testaments gehörten eigentlich nur die Menschen zur Gemeinschaft Gottes, die von Abraham abstammten. Abrahams Familie war ein ganzes Volk aus zwölf Stämmen, die nach Söhnen von Abrahams Enkel Jakob benannt waren. Aber diese Menschen lebten nicht so, wie Gott das wollte. Da schickte Gott seinen Sohn.

Die Gemeinde, die Jesus im Sinn hatte, war etwas ganz Neues. Und doch wollte Jesus, dass sie das weiterführte, was Gott schon mit den Menschen des Alten Testament begonnen hatte.

Im Alten Testament gab es die zwölf Stämme, die das Volk Gottes bildeten.

Jesus berief zwölf Jünger, die der Beginn seiner Gemeinde sein sollten.

Zwölf Männer erwählte Jesus zu seinen Jüngern. Sie sollten ständig bei ihm bleiben und von ihm lernen. Er wollte sie mit dem Auftrag aussenden, die Heilsbotschaft zu predigen und Menschen von der Macht der Dämonen zu befreien. (Markus 3,14-15)

Lies nach

Willst du wissen, wie die ersten Jünger hießen? Dann lies Markus 3,13-19.

Red drüber

Guck dir die Liste der ersten Jünger
noch einmal an. Gibt es da welche, die
du vielleicht nicht ausgesucht hättest?
Worauf hättest du geachtet? Was hat
Jesus vielleicht bewogen, gerade diese
Männer zu wählen?

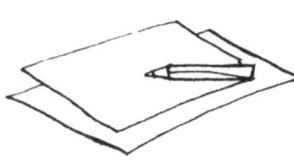

Fang an

Simon Petrus ist einer der bekanntesten
Jünger. Über ihn finden wir viel im
Neuen Testament. Mit Hilfe der folgen-
den Bibelstellen kannst du dir eine Übersicht verschaffen über
die Zeit, die Petrus mit Jesus verbracht hat:

Johannes 1,40-42;
Matthäus 4,18-20; 14,22-33; 16,13-23; 17,1-13; 17,24-27;
Johannes 13,1-17; 18,1-11; 18, 25-27;
Matthäus 26,75;
Johannes 19,41-20,8; 21,1-17.

Schreib dir das Wichtigste auf.

? **W**arum erzählte Jesus so viele außergewöhnliche Geschichten?

Nachdem Jesus von zu Hause weggegangen war, wurde er ein Prediger. Er ging an ganz verschiedene Orte, um den Menschen zu sagen, dass Gottes Reich nahe sei. Wie die Weisen bei seiner Geburt vorhergesagt hatten, war er ein König, der König in Gottes Reich. Und wenn der König kommt, kommt sein Reich auch!

Die Menschen hörten ihm sehr gerne zu. Er predigte ganz anders als die anderen Prediger. Es war spannend, ihm zuzuhören.

Sogar Kinder zogen ihm hinterher, um ihn zu hören.

Jesus ist der König. Und er will unser König sein. Er erzählte den Menschen wunderbare Geschichten, damit sie verstehen konnten, was das Reich Gottes ist und wie Menschen in ihm leben. Diese Geschichten nennt man Gleichnisse.

Gleichnisse sind so ähnlich wie kleine Puzzlespiele. Man muss ein bisschen nachdenken, bevor man versteht, was sie darstellen und bedeuten.

Viele Menschen liebten diese Geschichten Jesu. Aber sie machten sich nicht die Mühe, sie wirklich zu verstehen. Sie hörten zwar zu, aber sie hörten nicht richtig hin. Sie hielten die Gleichnisse für großartige Geschichten, aber sie verstanden nicht, dass Jesus auch von ihnen redete, wenn er erzählte. Sie fragten nicht: Was bedeutet diese Geschichte für mich?

Jesus sagte von sich, wenn er predige, sei er wie ein Bauer, der im Frühling Getreidesamen auf seine Felder streut.

Ein paar Samen fallen gar nicht auf das Feld, sondern auf den Weg daneben, wo der Boden ganz hart und festgetreten ist. Sofort kommen die Vögel und picken die Körner auf.

Auf dem Feld liegt an manchen Stellen nur eine dünne, trockene Erdschicht auf felsigem Boden. Wenn die Samen dorthin fallen, wachsen sie zuerst sehr schnell, haben aber später keinen richtigen Halt und vertrocknen oder werden bei Regen weggeschwemmt. Und an anderen Stellen gibt es zwischen dem Getreide viel Unkraut. Das wächst dann so schnell, dass es den Getreidehalmen Licht, Nahrung und Luft wegnimmt.

Aber anderswo ist die Erde dick und saftig. Wenn man Samen darauf streut, können die Wurzeln tief in den Boden eindringen und die Pflanze hat guten Halt und bekommt viel Nahrung und Wasser. Dann kann sie schnell wachsen und jede Ähre bringt viele Körner. Jesus sagt: Ihr Menschen seid wie der Ackerboden, und meine Botschaft ist wie der Same. Manche Leute sind wie der festgetretene Weg: Sie hören Gottes Botschaft, aber wie die Vögel den Samen vom Weg aufpicken, kommt der Teufel und nimmt ihnen alles wieder weg.

Andere Leute sind wie der steinige Boden. Was Jesus sagt, finden sie zuerst ganz toll. Aber wenn sie merken, dass es auch manchmal schwierig ist, mit Gott zu leben, geben sie sofort auf. So wie das Getreidepflänzchen in der dünnen Erdschicht kann der Glaube bei ihnen keinen Halt finden. Wieder andere Menschen gleichen dem Feld voller Unkraut. Sie hören Jesu Worte, aber alles andere, das in ihrem Leben passiert, deckt sie wieder zu, so wie das Unkraut das Getreide erstickt.

Aber manche Menschen sind wie guter Ackerboden. Sie hören auf Jesus und gehorchen ihm. Bei ihnen ist Jesu Wort wie ein Same, der auf ein Feld voller guter Erde fällt, dort aufgeht und wächst und zu einer Ähre mit vielen Körnern heranreift. An ihnen freut sich Gott.

Was für ein Boden bist du?

Du kennst das bestimmt: Wenn du mal völlig verdreckt nach Hause kommst, sagt deine Mutter zu dir: Guck mal in den Spiegel, wie du aussiehst! Jesu Gleichnis über die verschiedenen Böden will auch so ein Spiegel sein. Ein Spiegel zeigt uns, wie wir aussehen. Das Gleichnis hier soll uns dabei helfen herauszufinden, wer wir eigentlich vor Jesus sind.

? Warum erzählte Jesus so viele außergewöhnliche Geschichten?

! Viele Geschichten, die Jesus erzählte, sind Gleichnisse. In ihnen hat er beschrieben, wie das Reich Gottes ist.

Wenn Jesus predigte, hat er wundervolle Geschichten erzählt, die wir Gleichnisse nennen. Er wusste, dass die Leute guten Geschichten gern zuhören – wie wir auch, oder?

Aber Jesus wollte auch, dass die Menschen über das nachdachten, was er sagte. Deswegen erzählte er Geschichten mit einer versteckten Bedeutung. Nur die Menschen, die von ihm lernen wollten, versuchten sie zu verstehen.

In den Geschichten hat Jesus von verschiedenen Personen erzählt, so dass du dich fragen kannst, welcher Person du wohl gleichst. Und wenn du die Gleichnisse liest, dann kannst du dich auch fragen: »Was sagt mir diese Geschichte darüber, wie Gott sein Reich bauen will?«

Die Erzählungen Jesu sind jedenfalls so wunderbar, dass man sie immer wieder lesen kann!

Jesus sprach zu ihnen: »Euch ist das Geheimnis des Reiches Gottes gegeben; die draußen aber hören es in Gleichnissen.« (Markus 4,11)

Lies nach

In Markus 4,1-20 kannst du das Gleichnis vom Sämann nachlesen. An dieser Stelle erklärt Jesus auch, warum er überhaupt Gleichnisse erzählt.

Denk drüber nach

Jesus hat eine sehr seltsame Sache gesagt, als er erklärte, warum er Geschichten erzählt. Er benutzte die Worte des Propheten Jesaja aus Jesaja 6,9-10. Lies die Stelle mal nach und überleg, warum Jesus Geschichten erzählt hat.

Fang an

Manchmal predigte Jesus an einem See. Und wenn sehr viele Menschen ihn hören wollten, ließ er sich auf einem Boot ein Stück auf den See fahren. So konnten alle ihn sehen – und auch besser hören. Probier mal an einem See aus, wie gut Wasser die Stimme weiterträgt. Außerdem kannst du ein Bild malen, wie eine solche Menge Jesus am See zuhörte.

? Was hat Jesus über Gott gesagt?

Jesus hat den Menschen über das Reich Gottes erzählt. Aber er war traurig, dass die Menschen Gott nicht als ihren himmlischen Vater ansahen. Er wollte ihnen helfen, Gott zu vertrauen und ihn zu lieben wie man einen Vater liebt.

Ganz lange bevor Jesus auf die Welt kam, passierte etwas Schreckliches. Du kennst sie bestimmt, die Geschichte von Adam und Eva, oder? Gott hatte Adam und Eva gemacht, und weil er sie sehr lieb hatte, schenkte er ihnen einen wunderschönen Garten zum Leben, der voller Flüsse, Bäume mit Früchten und freundlicher Tiere war. Adam und Eva lebten ganz in der Nähe Gottes. Gott erlaubte ihnen, von allen Früchten des Gartens zu essen – bis auf die Früchte eines bestimmten Baumes. Diese Früchte sollten sie nicht antasten, sonst müssten sie sterben. Eigentlich hätte das kein Problem sein müssen, denn es gab ja so viele verschiedene Früchte, dass man auf die Früchte dieses einen Baumes gut verzichten konnte.

Aber Gott hat einen Feind – und der wollte die wunderbare Schöpfung Gottes zerstören. Er wollte nicht, dass die Menschen in Frieden und Gemeinschaft mit Gott leben. Dieser Feind taucht übrigens auch im Leben Jesu auf. Erinnerst du dich? Es ist der Teufel; manchmal wird er in der Bibel auch »Satan« genannt.

Dieser Teufel machte seine Sache ziemlich raffiniert. Er benutzte eine Schlange, die mit Eva zu reden begann. (Vielleicht konnten die Menschen die Stimmen der Tiere damals noch verstehen?) Die Schlange flüsterte Adam und Eva ein, sie sollten nicht auf Gott hören. »Ihr dürft von keinem Baum im Garten essen, nicht wahr?«

Das stimmte natürlich überhaupt nicht! Das hatte Gott nie gesagt! Adam und Eva hätten der Schlange sofort sagen sollen, dass das nicht stimmte. Aber sie hörten weiter zu. Die Schlange erzählte, wie großartig es sei, von den verbotenen Früchten zu essen, und machte den Menschen weis, dass Gott ihnen das Beste von allem nicht geben wolle. Adam und Eva glaubten ihr und ließen sich dazu verleiten, an Gott und seiner Liebe zu zweifeln – und von den verbotenen Früchten zu essen. Sie glaubten einer Lüge mehr als Gott. Und sie hörten auf, Gott einfach zu vertrauen. Sie bekamen Zweifel, ob das, was er angeordnet hatte, auch wirklich das Beste für sie war. Das war ein schrecklicher Fehler.

Seit der Zeit von Adam und Eva glauben Menschen dieser Lüge. Sie können Gott nicht mehr vertrauen. Sie glauben nicht, dass er ihr liebevoller Vater ist, der es gut mit ihnen meint.

Deshalb predigt Jesus von der Liebe Gottes und sagt den Menschen immer wieder: »Gott ist unser Vater, der uns liebt.«

Und wenn wir zu Jesus gehören, dann können wir Gott »Vater« nennen. Ist das nicht wunderbar?

? **W**as hat Jesus über Gott gesagt?

! **J**esus sagte, dass Gott uns liebt und unser himmlischer Vater sein will.

Viele Leute denken heute zwar, dass Gott über allem im Himmel sitzt. Aber wie viele Menschen zur Zeit Jesus wissen sie nicht viel von ihm, und sie vertrauen ihm auch nicht. Sie leben nicht wie Menschen, die einen himmlischen Vater haben, der sich um sie kümmert.

Eigentlich glauben sie nicht so recht, dass Gott wirklich etwas mit ihnen zu tun haben will. Sie können sich nicht vorstellen, dass er sie sogar besser kennt als ihre menschlichen Eltern. Und dass er mit ihnen zusammen sein möchte wie ein Vater mit seinen Kindern.

Aber Jesus hat Gott sogar mit »Papa« angeredet. Er möchte, dass alle Menschen Gott als ihrem Vater vertrauen.

Jesus sagte über sich: »Nur der Vater kennt den Sohn. Und kein Mensch außer dem Sohn kennt den Vater – es sei denn, der Sohn zeigt ihm den Vater.« (Matthäus 11,27)

Lies nach

Lies in 1. Mose 3,1-13 nach, wie es kam, dass Adam und Eva der furchtbaren Lüge des Teufels glaubten.

Red drüber

Wie nennst du Gott normalerweise? Hast du auch einmal wie Adam und Eva gedacht, dass Gott nicht das Beste für dich will? Glaubst du, dass er dein himmlischer Vater ist?

Fang an

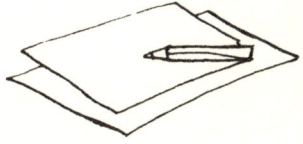

Mal ein Bild von einem richtig guten Vater. Was tut er für seine Kinder? Was sagt er ihnen?

? Was hat Jesus darüber gesagt, wie man in das Reich Gottes kommt?

Jesus predigte den Menschen, dass das Reich Gottes nahe sei. Er lehrte seine Jünger, er selber sei der König dieses Reiches. Und er vollbrachte Wunder, die deutlich machten, wie herrlich dieses Reich Gottes ist.

Eines Nachts kam Nikodemus zu ihm, um mit ihm zu reden. Das war etwas ganz Besonderes, denn Nikodemus war einer der bekanntesten Schriftgelehrten seiner Zeit. Vielleicht kam er nachts zu Jesus, um im Dunkeln nicht von anderen erkannt zu werden. Aber er hatte viel über Jesus und seine Predigten nachgedacht. Als er Jesus ansprach, tat er das sehr freundlich – nicht wie manche anderen Schriftgelehrten.

»Jesus«, sagte Nikodemus, »wir wissen, dass du von Gott kommst. Du hast wunderbare Dinge gesagt und getan. Du musst von Gott gesandt sein.«

Jesus merkte, was in Nikodemus vorging. Er sah, dass Nikodemus nicht richtig verstand, wer da vor ihm stand. Nikodemus war höflich zu Jesus, er erkannte ihn als großen Lehrer an, aber er verstand nicht, was es mit dem Reich Gottes auf sich hat. Deshalb sagte Jesus zu ihm: »Nikodemus, um in das Reich Gottes zu kommen, musst du noch einmal neu geboren werden.« Nikodemus war verwirrt. Er, der große

Lehrer, verstand nicht, wovon Jesus sprach. Wie gut, dass er das zugab! »Jesus, ich verstehe nicht, was du damit meinst. Wie kann ich ein zweites Mal geboren werden?« Jesus gab ihm die Antwort. Er erklärte ihm, dass wir nur dann zu Gottes Reich gehören können, wenn Gottes Heiliger Geist in uns einzieht. Das ist, als würden wir neu geboren. Nur wenn das passiert, können wir Gott lieben und ihm vertrauen. Wir brauchen einen neuen Anfang – und den kann nur Gott selbst uns schenken.

Deswegen ist Jesus zu uns Menschen gekommen. Nach allem, was er auf der Erde für uns getan hat, sandte er seinen Heiligen Geist. Mit ihm konnte das Reich Gottes beginnen in jedem Menschen, der ihm vertraut.

Nikodemus war sehr verwirrt, als er nach diesem Gespräch nach Hause ging, aber er dachte weiter über all das nach. Und später begann er, Jesus zu vertrauen.

? Was hat Jesus darüber gesagt, wie man in das Reich Gottes kommt?

! Wir kommen in das Reich Gottes, wenn der Heilige Geist uns hilft zu erkennen, wer Jesus ist. Dann können wir ihm als unserem Retter vertrauen und ihm unser Leben geben.

Viele Menschen glauben, dass Jesus ein bedeutender Mann und ein wunderbarer Lehrer war. Und wenn du sie fragst, wie man in das Reich Gottes kommt, werden sie dir ungefähr so antworten: »Gib dir viel Mühe«, »lebe ein anständiges Leben«, »befolge die Lehren Jesu.«

Das sind ja alles gute Ratschläge. Nikodemus, der große Lehrer zur Zeit Jesu, hat danach gelebt. Aber er gehörte trotzdem nicht zum Reich Gottes. Und du kannst all diese Ratschläge befolgen und trotzdem nicht zu Jesus gehören.

Jesus selbst sagt, dass der Heilige Geist nötig ist, um in Gottes Reich zu kommen. Er muss in unserem Herzen arbeiten und es verändern.

Und das erste Zeichen davon, dass der Heilige Geist an dir schon gearbeitet hat, ist dein Vertrauen zu Jesus als deinem Retter.

Ich will euch ein neues Herz und einen neuen Geist in euch geben. (Hesekiel 36,26)

Lies nach

Lies das Gespräch zwischen Jesus und Nikodemus in Johannes 3,1-16 nach.

Red drüber

Lies mit deiner Mutter oder deinem Vater Johannes 3 mit verteilten Rollen. Übernimm du dabei die Rolle des Nikodemus. Was meinst du, worüber er nachgedacht hat, als er Jesus verließ?

Fang an

Zeichne einen Comic von dieser wichtigen Geschichte.

? Wie können wir Nachfolger Jesu werden?

Jesus hat seinen Jüngern gesagt: »Folgt mir nach!« Und sie verließen alles und folgten ihm. Auch heute ruft Jesus noch Menschen auf, ihm zu folgen. Und wenn er uns ruft, möchte er, dass wir verstehen, was es heißt, sein Jünger zu sein.

Jesus hat seine Jünger auf unterschiedliche Weise in die Nachfolge gerufen. Aber jeden forderte er auf, seine Vergebung zu erfahren und ihn von ganzem Herzen zu lieben. Jakobus, Johannes, Andreas und Petrus rief er aus ihrem Fischerdasein heraus. Matthäus berief er vom Zoll weg. Und Zachäus forderte er auf, mit ihm zu essen.

Eines Tages wurde er von einem jungen reichen Mann gefragt, wie man das ewige Leben gewinnen könne. Jesus sah, dass dieser Mann reich war. Und er sah auch, dass er seine Reichtümer zu wichtig nahm. Nach einem kurzen Gespräch sagte er zu ihm: »Geh und verkauf deinen ganzen Besitz und gib alles den Armen. Und dann komm und folge mir nach!«

Das hatte der junge Mann nicht erwartet. Bis dahin war ihm vielleicht selbst noch nicht klar gewesen, wie sehr er seinen Reichtum liebte. Er schwieg – und dann ging er weg. Jesus war darüber bestimmt sehr traurig; er wusste ja, wie falsch die Entscheidung des Mannes war.

Ein anderes Mal hat Jesus einen Mann von fürchterlichen

Dämonen geheilt. Sie hatten diesen Mann unglücklich und missmutig gemacht; ja, sie hatten sein Leben fast zerstört. Aber Jesus gebot den Dämonen, diesen Mann zu verlassen – und sofort war er völlig verändert. Er war fröhlich statt traurig und wollte Jesus folgen. Aber Jesus hatte einen anderen Plan für ihn: Er gab ihm den Auftrag, zu seiner Familie und in sein Dorf zurückzugehen und von seiner Heilung zu erzählen. Als Jesus das nächste Mal in diese Gegend kam, erwarteten ihn schon viele Menschen. Der geheilte Mann hatte ihnen allen von Jesus erzählt!

Jesus möchte, dass wir ihm folgen. Er möchte, dass wir uns von den falschen Dingen in unserem Leben trennen. Das meint er, wenn er von »Umkehr« redet.

Wir sollen ihm unser ganzes Leben anvertrauen. Das meint er, wenn er sagt: »Folgt mir!« Und wenn wir das tun, wird er uns lehren, als seine Jünger zu leben.

? **W**ie können wir Nachfolger Jesu werden?

! **J**esus fordert uns auf, uns von allem zu trennen, was er nicht will, ihm als unserem Retter zu vertrauen und unser ganzes Leben in seine Hand zu geben.

Es gibt nichts Besseres auf der Welt als Jesus nachzufolgen. Es bedeutet, dass Jesus unser Retter und Freund ist.

Aber viele Dinge wollen uns daran hindern, Jesus zu folgen. Unsere Herzen tragen die Sünde von Anfang an in sich, und sie können uns von Jesus wegbringen. Manchmal stellen wir andere Dinge an die Stelle Jesu. Wir nehmen sie wichtiger als Jesus.

Oder wir haben Angst vor dem, was andere über uns sagen, wenn wir zu Jesus gehören.

Jesus hat nicht verheimlicht, dass es auch schwer sein kann, ihm zu folgen. Er sprach davon, dass man »sein Kreuz tragen« müsse. Aber er hat versprochen, unser Freund und Retter zu sein. Und auch wenn es vielleicht manchmal schwierig ist, ruft er uns trotzdem auf, ihm zu folgen – so wie er Johannes, Andreas und Simon berufen hat.

Jesus sagt zu uns: Kommt und folgt mir nach!

Jesus sagt: »Wer mir nachfolgen will, der darf nicht mehr an sich selbst denken, sondern muss sein Kreuz willig auf sich nehmen und mir nachfolgen.« (Markus 8,34)

Lies nach

In Lukas 18,18-30 kannst du nachlesen, wie schwer es für manche Menschen ist, Jesus zu folgen.

Denk drüber nach

Welche Dinge können Menschen davon abhalten, Jesus zu folgen? Gibt es etwas, was dich davon abhält?

Fang an

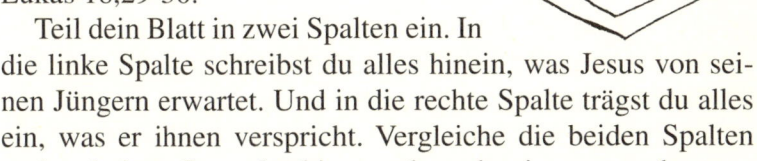

Nimm dir ein Blatt Papier und lies Lukas 18,29-30.

Teil dein Blatt in zwei Spalten ein. In die linke Spalte schreibst du alles hinein, was Jesus von seinen Jüngern erwartet. Und in die rechte Spalte trägst du alles ein, was er ihnen verspricht. Vergleiche die beiden Spalten und mal einen Stern dorthin, wo du mehr eingetragen hast.

? Was hat Jesus über seine Zukunft gesagt?

Jesus war sich der Gegenwart und Nähe seines himmlischen Vaters stets bewusst. Er wusste genau, was sein Vater den Menschen in der Bibel gesagt hatte.

Wenn er spazieren ging oder auf einen Berg stieg oder wenn er am Wasser saß, immer dachte er über Gottes Worte und Gedanken nach. Und dazu gehörten auch die Worte, die der Prophet Jesaja weitergegeben hat.

Gott hatte Jesaja gezeigt, dass jemand kommen und die Welt erretten würde. Anstatt zu sündigen, würde er völlig nach dem Willen Gottes leben, wie ein Knecht nach dem Willen seines Herrn. (Ein Knecht war früher ein Diener, der dazu da war, die ganz schweren Arbeiten zu verrichten.) Aber Gott ließ Jesaja noch etwas anderes wissen: Dieser Retter würde Schlimmes erleiden müssen. Er würde geschlagen und verwundet werden. Er würde unschuldig sein, aber die Menschen würden ihn wie einen schlimmen Sünder behandeln.

Schon vor Jesus hatten die Menschen viel darüber nachgedacht, wer dieser Knecht wohl sein könnte, von dem Jesaja berichtete. An einer Stelle beschreibt Jesaja, dass der Knecht deshalb so viel leiden muss, weil er das Leid anderer auf sich nimmt.

Die Menschen haben gesündigt und verdienen Strafe. Er selbst verdient sie nicht.

Jesus war dieser Knecht. Seinen Jüngern hat er das erklärt: »Ich werde nach Jerusalem gehen. Dort wird man mich verhaften, schlagen und töten. Aber ich werde von den Toten auferstehen und wieder bei euch sein.« Als die Jünger das hörten, waren sie sehr erschrocken darüber, dass Jesus sterben sollte. Was er über seine Auferstehung sagte, hörten sie gar nicht mehr richtig.

Petrus versuchte mit Jesus zu diskutieren, ob sein Tod wirklich nötig sei. Aber Jesus wies ihn zurück wie den Teufel in der Wüste. »Nein«, sagte er, »Gottes Wort wird sich erfüllen. Ihr müsst euch daran erinnern, dass ich nicht gekommen bin, damit andere mir dienen, sondern damit ich den Menschen diene.«

Nachdem er den Jüngern das gesagt hatte, wussten sie, sie würden ihn nicht von seinem Weg nach Jerusalem zurückhalten können. Aber erst nach seiner Auferstehung verstanden sie, warum alles genau so geschehen musste.

? Was hat Jesus über seine Zukunft gesagt?

! Jesus hat gesagt, er sei der von Gott gesandte Knecht. Er wusste, dass er nach Jerusalem gehen und dort leiden und sterben musste. Aber er sagte seinen Jüngern auch, dass er auferstehen und unser Retter und Herr sein würde.

Jesus hat gewusst, dass Gottes Plan für sein Leben schon in der Heiligen Schrift beschrieben ist. Er wusste, dass er der König in Gottes Reich sein würde.

Aber Jesus wusste auch, dass Gottes König der Retter sein soll, der durch sein Leiden die Sünden der Menschen trägt. Er würde die Strafe tragen, die alle Menschen verdient haben. Deshalb können alle Menschen Gott bitten, ihnen das zu schenken, was Jesus für sie auf sich genommen hat.

Zuerst war Jesus der Einzige, der das alles wusste. Aber er erklärte es seinen Jüngern. Es war sehr schwer für sie zu glauben, dass der Mensch, den sie liebten, würde leiden müssen. Später aber haben sie verstanden, warum das so geschehen musste.

Er ist um unserer Missetat willen verwundet und um unserer Sünde willen zerschlagen. Die Strafe liegt auf ihm, auf dass wir Frieden hätten, und durch seine Wunden sind wir geheilt. (Jesaja 53,5)

Lies nach

In Markus 8,31-33 kannst du nachlesen, wie Jesus das erste Mal seinen weiteren Weg erklärt.

Denk drüber nach

Wie haben sich die Apostel wohl gefühlt, als Jesus ihnen von seinen bevorstehenden Leiden erzählte? Was haben sie gedacht oder zu Jesus gesagt? Kannst du dir das vorstellen?

Fang an

In der Apostelgeschichte 8,26-40 wird von jemandem berichtet, der herauszufinden versucht, wer der von Jesaja beschriebene Knecht ist. Kannst du von der Geschichte einen Comic malen?

Jesus der Retter

Frage 15-19

? Wie bewies Jesus seine Herrschaft über die Natur?

Jesus konnte Wunder vollbringen. Eines Tages war er mit seiner Mutter und den Jüngern auf einer Hochzeitsfeier. Da gibt es natürlich ein großes Fest mit vielen leckeren Sachen zu essen und zu trinken.

Heute feiert man solch ein Fest meist in einem Hotel oder Restaurant. Nur selten bereitet jemand solch ein großes Fest noch zu Hause vor mit all dem Backen und Kochen, das dazugehört. Aber zur Zeit Jesu tat man das. Und man feierte lange, nicht nur einen Tag. Maria, die Mutter Jesu, half vielleicht bei den Vorbereitungen und Arbeiten dieser Hochzeit in Kana. Als das Fest in vollem Gange war, kam sie plötzlich zu Jesus und berichtete ihm, dass der Wein zu Ende ginge. Das war natürlich sehr peinlich und die Familien der Brautleute würden sich sehr schämen. Und es war bestimmt kein guter Anfang für eine Ehe, wenn schon auf der Hochzeitsfeier etwas schief ging.

Jesus gab seiner Mutter eine sehr merkwürdige Antwort. Er fragte sie, was er damit zu tun habe; außerdem sei seine Zeit noch nicht gekommen. Was Maria wohl darauf sagte? Wir wissen es nicht. Aber sie muss darauf vertraut haben, dass ihr Sohn helfen konnte, denn sie wies die Bediensteten an, alles zu tun, was er von ihnen verlangte.

Im Haus der Familie gab es sechs große Fässer für Wasser, und jedes davon konnte 100 Liter Wasser fassen. Man musste in einem großen Haushalt so viele Gefäße für Wasser haben, denn natürlich gab es kein fließendes Wasser, und es regnete selten. Außerdem mussten ja ständig Geschirr, Kleider und Menschen gewaschen werden, erst recht bei so einer Hochzeit! Jesus beauftragte die Diener, all diese Fässer mit Wasser zu füllen. 600 Liter! Danach sollten sie den Küchenchef davon probieren lassen. Sie taten alles, was er anordnete. Und? Als der Küchenchef probierte, schmeckte er kein Wasser, sondern Wein! Und es war ein guter Wein, sogar besser als der, den die Gäste vorher zu trinken bekommen hatten. Er wunderte sich darüber, dass man auf dieser Hochzeit zuerst den einfacheren Wein ausgeschenkt hatte.

Jesus tat noch mehr Wunder. Von einigen hast du bestimmt schon gehört.

Jesu Wunder sind Zeichen. Sie machen deutlich, dass mit Jesus das Reich Gottes beginnt, in dem es kein Leid mehr geben wird – nur Freude. Und Jesus hat die Macht, Wunder zu tun, weil er selbst die Welt mit geschaffen hat.

Eines Tages, wenn Jesus überall herrscht, werden wir seine Liebe und Macht feiern – und sicher und geborgen sein für immer.

? **Wie bewies Jesus seine Herrschaft über die Natur?**

! **Jesus bewies seine Macht über die Natur dadurch, dass er Wunder tat.**

Was Adam und Eva am Anfang der Weltgeschichte taten, hat den Menschen kein Glück gebracht, sondern alles zerstört. Es ist, als hätte die Welt Gott nicht mehr zum Freund. Und die

Welt scheint auch uns nicht freundlich gesinnt zu sein. Ständig geht vieles einfach schief.

Jesus kam, um unser Retter zu sein. Er vergibt unsere Sünden. Aber er wird noch viel mehr als das tun. Er sieht, was in der Welt alles schief geht. Und eines Tages wird er alles, was nicht richtig ist, wieder heil machen. Deswegen wird er der »Retter der Welt« genannt.

Um zu zeigen, dass er dazu fähig ist, hat Jesus uns schon Beispiele seiner Macht erleben lassen. So als würde er sagen »Schaut her! Das ist ein Beispiel für das, was ich tun kann und tun werde.«

Stell dir mal vor, wie wunderbar es sein wird, wenn Jesus seine ganze Macht zeigt und die Welt wiederherstellt, wie Gott sie sich gedacht hat!

In Galiläa zeigte Jesus zum ersten Mal seine göttliche Macht. Und seine Jünger glaubten an ihn. (Johannes 2,11)

Lies nach

In Markus 4,35-41 kannst du ein Wunder Jesu nachlesen.

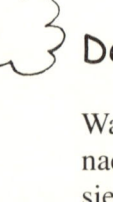

Denk drüber nach

Was in der Welt geht deiner Meinung nach schief? Was meinst du wird passieren, wenn Jesus da eingreift und es wieder in Ordnung bringt?

Fang an

Mal von der Geschichte aus Markus 4
ein »Vorher-« und ein »Nachher-Bild«.
Das erste Bild zeigt die Jünger im
Sturm, das zweite die Ruhe danach.

? Warum hat Jesus Kranke geheilt?

Eines Tages, als Jesus die Synagoge in Kapernaum besucht hatte, ging er in das Haus des Petrus. Dessen Frau pflegte dort ihre Mutter, die sehr krank war. Jesus hörte davon und ging zu der Schwiegermutter von Petrus, um mit ihr zu reden. Und schon kurze Zeit später ging es ihr viel besser. Obwohl dies alles im Haus geschehen war, erfuhren die Menschen in Kapernaum davon. Schon wenige Stunden danach füllten sich das Haus und der Platz davor mit Menschen, die kranke Freunde und Verwandte mitgebracht hatten. Jesus heilte sie alle. Überall, wo er auftrat, heilte er Menschen.

Jesus heilte auch Menschen, die an Aussatz erkrankt waren. Diese Krankheit hatte schreckliche Folgen für alle Betroffenen: Nicht nur litten sie Schmerzen, Aussätzige durften auch nicht mehr mit anderen Menschen zusammenleben. Keiner durfte sie anfassen. Sie mussten draußen vor der Stadt wohnen, damit keiner sich bei ihnen anstecken konnte.

Der Aussatz wurde zum Bild für das, was Gott in den Menschen sieht. Er sagte: »Guckt euch die Aussätzigen an. So wie sie sind, seid ihr als Sünder für mich. Ihr seid unrein und nicht so, wie ihr in meinen Augen sein solltet.« Aussätzige mussten ständig »Unrein, unrein« rufen, damit die Menschen sich von ihnen fern halten konnten.

Eines Tages aber kam ein Aussätziger zu Jesus. Er hatte von der Macht Jesu gehört. Er kniete vor Jesus nieder und bat ihn: »Jesus, wenn du willst, kannst du mich heilen!« Alle, die dabei waren, fragten sich, was Jesus wohl tun würde. Jesus war voller Mitleid für diesen Kranken. Und er tat etwas völlig Überraschendes: Er streckte die Hand aus und berührte den Kranken ganz zärtlich. Sofort verschwand der Aussatz und die Haut des Kranken war wieder ganz rein. Jesus sagte dem Mann, er solle nichts weitererzählen, sondern sich dem Hohepriester zeigen, der die Aufgabe hatte, solche Krankheiten festzustellen und auch über die Heilung zu urteilen.

Jesus wollte nicht als der große Wunderheiler bekannt werden. Er wünschte sich, dass die Leute begriffen, wie er ihr Inneres heilen und von Sünde befreien wollte. Aber der Geheilte verstand das nicht. Er konnte nicht aufhören, von diesem Wunder zu erzählen. Deshalb musste Jesus diesen Ort verlassen, weil einfach zu viele Menschen ihn sehen wollten.

Ist es nicht merkwürdig, dass Jesus so etwas Wunderbares für diesen Mann tat, der aber nicht der Bitte Jesu folgte?

? Warum hat Jesus Kranke geheilt?

! Jesus hat Menschen geheilt, weil er sie liebte und ihnen helfen wollte.

Seit dem Sündenfall von Adam und Eva ist unsere Welt voller falscher und schlechter Dinge. Die vielen Krankheiten und Leiden, die es in der Welt gibt, gehören auch zu diesen Dingen.

Jesus kam, um uns zu retten. Und eines Tages wird er alle Dinge verwandeln, damit sie wieder so werden, wie Gott sich das eigentlich vorstellt. Um uns zu zeigen, dass er das tun kann und wird, hat er Kranke geheilt. Jesus ist Gottes Sohn. Er hat gezeigt, wie sehr er sich um uns Menschen kümmert. Und er hat seine Macht bewiesen, die Dinge wieder ins Lot zu bringen.

Aber Jesus möchte, dass wir noch etwas verstehen: Er ist nicht nur gekommen, um uns von Krankheiten und Leid zu befreien, er ist vor allem gekommen, um uns von unserer Sünde zu befreien.

Wohin er auch immer kam, in den Dörfern, Städten und draußen auf den Bauernhöfen, trug man die Kranken auf die Plätze und Straßen. Die Kranken baten Jesus, wenigstens ein Stück seiner Kleidung berühren zu dürfen. Alle, die das taten, wurden gesund. (Markus 6,56)

Lies nach

Jesus konnte sogar Menschen heilen, die nicht laufen konnten! Lies die Geschichte in Markus 2,1-12 nach.

Red drüber

Gott hat den Menschen gesagt, dass der Aussatz so etwas wie ein Bild für die Sünde ist. Inwieweit sind Aussatz und Sünde miteinander zu vergleichen? Sprich mit deinen Eltern darüber.

Fang an

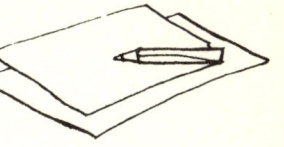

Im Alten Testament wird in 3. Mose 13 und 14 genau beschrieben, wie man mit Aussätzigen umgehen sollte. Entwirf dafür ein Plakat – so ähnlich wie die in den Arztpraxen. Schreib darauf, woran man Aussatz erkennt und was man dann tun soll. Und ganz unten drunter schreib mit großen Buchstaben: JESUS KANN KRANKE HEILEN!

? **Ist Jesus stärker als der Teufel?**

Nachdem Jesus von Johannes getauft worden war, geschahen merkwürdige Dinge.

Das Erste war die Versuchung Jesu in der Wüste. Da wollte der Teufel versuchen, Jesus daran zu hindern, nach Gottes Willen zu leben. Jesus war gekommen als der König von Gottes neuem Reich. Und der Teufel begann sofort, Jesus anzugreifen.

Danach traf Jesus immer wieder Menschen, die von Dämonen, von Dienern des Teufels, besessen waren. Die Bibel nennt diese Dämonen auch »unreine Geister«, weil sie Menschen dazu brachten, Unreines zu sagen und zu tun. Diese Dämonen waren so etwas wie Soldaten in der Armee des Teufels. Und der wollte Jesus auf ganz unterschiedliche Weise angreifen.

Eines Tages gab Jesus seinen Jüngern ein herrliches Versprechen: »Ich werde meine Gemeinde bauen. Und nicht einmal die Mächte der Finsternis und des Todes werden sie zerstören können!«

Jesus hatte dem Teufel in der Wüste ja widerstanden. Aber war er stark genug, um das jeden Tag zu tun, immer wieder?

64

Als er eines Tages predigte und die Menschen ihm zuhörten, schrie ihn jemand an. Es war ein Mann, der von Dämonen besessen war. Das, was er sagte, machte allen klar, dass hier ein unreiner Geist sprach: »Was willst du von uns, Jesus? Warum kommst du, uns zu zerstören? Ich weiß, wer du bist – du bist der Heilige!« »Der Heilige« – mit diesem Titel sprach man Gott an, denn er ist rein und heilig. Aber woher wusste der Dämon von der Macht Jesu? Er muss sie erkannt haben.

Jesus sprach: »Ruhig. Sei still!« Und der Mann schüttelte sich und stieß einen furchtbaren Schrei aus – und wurde von den Dämonen verlassen.

Jedes Mal, wenn Jesus auf die Geister des Teufels traf, besiegte er sie. Selbst bei einem Mann, der von hundert Dämonen besessen war, blieb Jesus der Sieger. Er ist der große Überwinder. Und er ist stärker als der Teufel.

? Ist Jesus stärker als der Teufel?

! Ja, Jesus ist stärker als der Teufel. Er kann ihn und seine Helfer und Dämonen besiegen.

Die Bibel erzählt uns von dem unsichtbaren Kampf, den es in der Welt zwischen dem Teufel und Gott gibt. Von Anfang an hat der Teufel Lügen über Gott erzählt. Aber Gott versprach, einen großen Überwinder zu senden. Und dieser Überwinder würde den Teufel besiegen.

Als Jesus, der große Überwinder, in diese Welt kam, hat der Teufel mit allen Mitteln probiert, ihn aufzuhalten. Er selbst stellte ihn in der Wüste auf die Probe. Und er sandte seine Dämonen, die Jesu Wirken behindern sollten.

Aber Jesus ist wirklich der große Überwinder. Er besiegt den Teufel. Jesus, der Herr, ist stärker als der Teufel.

Jesus sagt: »Ich will meine Gemeinde bauen, und die Pforten der Hölle sollen sie nicht überwältigen.« (Matthäus 16,18)

Lies nach

Lies die beeindruckende Geschichte von der Macht Jesu über den Teufel und seine Dämonen in Markus 5,1-20.

Denk drüber nach

Versuch dir einmal vorzustellen, was das für ein Mensch war, der sich selbst »Legion« nennen konnte. Eine Legion war ein Teil des römischen Heeres, gewöhnlich gehörten 1000 Männer zu einer Legion. Wie muss dieser Mann sich gefühlt haben? Ob er Angst hatte? Konnte er selbst etwas zu seiner Heilung tun? Wie ging es ihm wohl, nachdem Jesus ihn befreit hatte?

Fang an

Mal die Geschichte aus Markus 5 in einer Serie von Bildern.

Was hat der Mann getan, nachdem Jesus ihn von den Dämonen befreit hatte? Das muss doch ein besonderes Bild werden, oder?

? Kann Jesus den Tod besiegen?

Jesus kam in diese Welt, um uns zu retten. Das bedeutet, er will uns von allem befreien, was unser Leben zerstört. Krankheit, Unglück und alle möglichen anderen Dinge können uns traurig machen und uns das Leben kaputtmachen. Aber es gibt noch etwas, das unser Leben wirklich kaputtmacht – und das ist der Tod.

Der Tod ist das Ende unseres Lebens auf der Erde. Man hört auf zu atmen, das Herz schlägt nicht mehr, das Gehirn stellt die Arbeit ein. Manche Leute denken: »Na, so ist das eben; das war's dann.« Als wären wir Maschinen, die einfach stehen bleiben. Aber Gott will, dass wir ewig leben. Der Tod ist nichts, was irgendwie geschieht, sondern wie alles, was auf der Welt nicht stimmt, ist er die Folge unserer Schuld. Erst dadurch, dass sich die Menschen von Gott getrennt haben, kam der Tod in diese Welt; im Paradies gab es keinen Tod.

Der Tod hat große Macht über uns. Aber er ist nicht so mächtig wie Jesus. Jesus kann den Tod besiegen.

Als Jesus mit seinen Jüngern über seinen eigenen Tod sprach, erzählte er ihnen auch, dass er wiederkommen würde. Wie konnte er seine Jünger davon überzeugen? Er zeigte seine Macht über den Tod dadurch, dass er Tote auferweckte. Das machte er dreimal. Das erste Mal war es ein zwölfjähriges

Mädchen, die Tochter des Jaïrus. Die Menschen lachten, als er sagte, er würde sie auferwecken. Aber er tat es! Der zweite Mensch, den Jesus vom Tode auferweckte, war der Sohn der Witwe in Nain. Für sie war der Sohn nach dem Tod ihres Mannes besonders wichtig. Wenn er starb, war sie bettelarm. Jesus erweckte ihn zu neuem Leben. Jesus kannte vorher weder das Mädchen noch den jungen Mann.

Aber dann starb sein Freund Lazarus. Er wohnte in Bethanien, und Jesus war oft bei ihm. Nachdem Lazarus schon einige Tage tot war, besuchte Jesus dessen Schwestern Maria und Martha. Er sagte ihnen, dass Lazarus auferstehen würde. Er ging zu dem Grab und ließ den Stein davor wegrollen. Dann rief er laut: »Lazarus, komm heraus!« Und? Tatsächlich, Lazarus kam aus der Grabhöhle heraus! Jesus hatte ihn auferweckt. Er hatte die Macht dazu.

Als er selbst am Kreuz starb, sah es zunächst so aus, als hätte der Tod gesiegt, aber drei Tage später veränderte sich die Situation völlig: Jesus erstand von den Toten auf! Er lebt! Er ist der große Überwinder und Befreier!

? **K**ann Jesus den Tod besiegen?

! **J**a, Jesus kann den Tod besiegen! Er hat das bewiesen, indem er Tote wieder zum Leben erweckt hat. Und er selber ist auferstanden. Er lebt für alle Zeit.

Ein Christ kann alle möglichen Feinde haben – wie Jesus auch. Manchmal sind Menschen unsere Feinde; sie sagen böse Sachen über uns oder ärgern uns, nur weil wir Christen sind. Der Teufel ist immer unser Feind. Er möchte uns von Jesus wegziehen; er will nicht, dass wir Gott vertrauen. Und auch in unserem Herzen haben wir einen Feind: die Sünde. Deshalb tun oder sagen wir manchmal Dinge, die Gott nicht will.

Und dann gibt es noch einen Feind, dem wir alle begegnen werden – es sei denn, Jesus kommt vorher wieder. Dieser letzte Feind der Menschen ist der Tod. Für viele Menschen ist das ein sehr Furcht einflößender Feind. Deshalb ist es wichtig, dass wir eins nicht vergessen: Mit seiner Auferstehung hat Jesus auch diesen letzten Feind besiegt.

Jesus sagt: »Ich bin die Auferstehung, und ich bin das Leben. Wer an mich glaubt, der wird leben, selbst wenn er stirbt.« (Johannes 11,25)

Lies nach

In Markus 5,21-24 und 35-43 kannst du die bewegende Geschichte nachlesen, wie Jesus ein Mädchen auferweckt.

Red drüber

Was meinst du, warum Erwachsene nicht gern über den Tod reden? Warum fürchten sich viele Menschen vor dem Tod? Welchen Unterschied würde es für diese Menschen machen, wenn sie Jesus, den auferstandenen Retter, kennen lernten? Sprecht darüber.

Fang an

Wovor hast du richtig Angst? Vielleicht vor einer Spinne oder vor einer Schlange? Mal ein Bild davon. Und dann schreib die Worte aus Psalm 56,4 darunter. Vielleicht kannst du dir das Bild ja irgendwo hinhängen, wo du es oft siehst.

? **W**ie hat Jesus seinen Jüngern gezeigt, wer er wirklich ist?

Jesus war drei Jahre lang mit seinen Jüngern zusammen. Manchmal waren sich die Jünger ganz sicher, dass sie ihn liebten und verstanden. Aber manchmal verstanden sie ihn überhaupt nicht, begriffen nicht, warum er bestimmte Dinge tat oder nicht tat.

Eines Tages erklärte Jesus seinen Jüngern, dass er in Jerusalem sterben würde. Das war zu viel für Petrus – er war der Meinung, das dürfe auf keinen Fall geschehen, und versuchte, mit Jesus darüber zu diskutieren. Petrus hatte nicht ganz verstanden, wer Jesus war. Obwohl Petrus Jesus als den Sohn Gottes ansah, begriff er nicht, welche Konsequenzen das haben konnte.

An einem Tag nahm Jesus Petrus, Jakobus und Johannes mit sich auf einen Berg. Vielleicht wunderten sich die drei über diesen Ausflug, aber sie gingen mit. Oben auf dem Berg machten sie Rast. Die drei Jünger wurden müde, sie unterhielten sich nicht, sondern ruhten sich aus. Als Jesus das sah, nutzte er die Zeit, um mit seinem himmlischen Vater zu sprechen. Und dann geschah etwas Überwältigendes: Jesu Gesicht veränderte sich, es begann zu leuchten und – noch viel aufregender – Mose und Elia erschienen und sprachen mit Jesus über seinen Weg nach Jerusalem. Mose war der Mann, der das Volk Gottes aus Ägypten geführt hatte, und Elia war ein großer Prophet gewesen. Und nun besuchten sie Jesus und sprachen mit ihm. Als sie die drei reden hörten, wurden die Jünger wach: Sie trauten ihren Augen nicht. Da waren Mose und Elia und Jesus, und ihr Lehrer sah so aus, wie sie ihn noch nie gesehen hatten. Die Herrlichkeit Gottes strahlte aus ihm. Petrus war aufgeregt und ängstlich zugleich. Und, ganz typisch für ihn, er hatte das Bedürfnis, gleich etwas zu sagen und zu unternehmen. »Lass uns drei Hütten bauen, Jesus. Eine für Mose, eine für Elia und eine für dich«, schlug er vor. Petrus verstand nicht, was da wirklich geschah. Gerade als er redete, bedeckte eine Wolke die Höhe des Berges. Und aus der Wolke kam eine Stimme – die Stimme Gottes: »Petrus, Jakobus, Johannes, hört zu! Jesus ist mein Sohn. Ich habe ihn erwählt. Hört auf das, was er sagt. Vertraut ihm, tut, was er sagt.«

Die drei behielten dieses Erlebnis für sich. Erst nach der Auferstehung Jesu erzählten sie anderen davon. Aber sie wussten, was geschehen war. Sie wussten, dass sie das Vorrecht erhalten hatten, Jesus als den zu sehen, der er ist: der Sohn Gottes.

? **W**ie hat Jesus seinen Jüngern gezeigt, wer er wirklich ist?

! **J**esus nahm Petrus, Jakobus und Johannes mit sich auf einen Berg und ließ sie dort die Herrlichkeit Gottes in seinem Leben sehen.

In der Bibel gibt es viele Stellen, die von der Herrlichkeit Gottes reden. Wenn Gott seine Herrlichkeit zeigt, dann macht er uns mit einem Mal deutlich, wer er wirklich ist. Und weil Gott unsichtbar ist und wir ihn nicht einfach sehen können, sucht er Wege, wie wir ihn in seiner Herrlichkeit doch erfahren können.

Gott zeigt seine Herrlichkeit auf ganz unterschiedliche Weise:

Er hat die Sterne und die Planeten erschaffen. Er hat die ganze Erde mit wunderbaren Dingen gefüllt, die seine Liebe und Macht zeigen. Wir können uns Gottes Schöpfung angucken und sagen: »Toll! Wenn Gott das alles gemacht hat, dann ist er wirklich großartig!«

Manchmal möchte Gott, dass Menschen ihn in seiner Macht und Schönheit sehen. In der Bibel wird davon erzählt, wie Gott sich manchmal in einer Wolke aus Licht zeigte. Es sah so aus, als würde Gott selbst durch diese Wolke hindurchscheinen.

Als Jesus seine Jünger mit auf den Berg nahm, schien Gottes Herrlichkeit aus Jesus selbst zu leuchten – als sei er ganz davon erfüllt. Und Gottes Wolke der Herrlichkeit umgab ihn, und Gott sprach aus dieser Wolke zu den Jüngern. Er sagte: »Dies ist mein Sohn!«

Als Jesus betete, veränderte sich sein Gesicht, und seine Kleider strahlten hell. ... Während er sprach, fiel der Schatten einer Wolke auf sie. Die Wolke hüllte sie ein, und sie fürchteten sich; denn sie hörten eine Stimme: »Das ist mein Sohn, den ich euch gesandt habe. Tut, was er euch sagt!« (Lukas 9,29+34-35)

Lies nach

Du kannst die Erzählung über dieses wunderbare Ereignis in Lukas 9,28-36 nachlesen.

Red drüber

Petrus, Jakobus und Johannes haben über das Erlebnis auf dem Berg sicher miteinander gesprochen. Was sagten sie wohl dazu?

Fang an

In der Bibel wählt Gott öfter einmal den Gipfel eines Berges, um mit Menschen zu reden. So war das auch bei Mose. Hast du schon einmal einen Berg bestiegen? Was konnte man von dort alles sehen? Mal ein Bild von dir auf dem Berggipfel. Häng es auf, wo du es oft

siehst, und erinnere dich daran, dass Gott auch mit dir reden will (auch wenn du nicht gerade auf einem Berg stehst!).

Jesu Weg ans Kreuz

Frage 20-27

❓ Wie sehr hat Jesus seine Jünger geliebt?

Jesus hatte zwölf Jünger, die auch Apostel genannt werden. Wo immer er hinging, waren sie bei ihm. Sie hörten seine Predigten, sie sahen seine Wunder, aber sie erlebten Jesus auch dann, wenn keine anderen Menschen um ihn herum waren. Gerade dann haben sie bestimmt mit ihm geredet und ihn vieles gefragt. Einmal bat einer der Jünger Jesus, ihnen das Beten beizubringen. Und Jesus gab ihnen ein Gebet, das so etwas wie eine Richtschnur fürs Beten sein kann. Du kennst es bestimmt:

> Vater unser im Himmel.
> Geheiligt werde dein Name.
> Dein Reich komme,
> dein Wille geschehe, wie im Himmel, so auf Erden.
> Unser tägliches Brot gib uns heute.
> Und vergib uns unsere Schuld,
> wie auch wir vergeben unsern Schuldigern.
> Und führe uns nicht in Versuchung,
> sondern erlöse uns von dem Bösen.
> Denn dein ist das Reich und die Kraft
> und die Herrlichkeit in Ewigkeit.
> Amen.

Jesus liebte seine Jünger sehr. Und er wünschte sich, dass sie verstanden, wozu er in die Welt gekommen war. Kurz bevor er starb, versuchte er ihnen seine Liebe noch einmal sehr deutlich zu machen. Es war Passa-Fest in Jerusalem. Ein Fest, bei dem sich die Juden an ihre Befreiung aus Ägypten erinnern. Die Jünger Jesu waren draußen unterwegs gewesen, um alles für das Fest vorzubereiten. Sie kamen mit schmutzigen Füßen wieder in das Haus, in dem sie das Fest begehen wollten. Dort stand schon die Schale mit Wasser, die ein Diener brauchen würde, um ihnen die Füße zu waschen. Das gehörte in der damaligen Zeit einfach zu einem solchen Abend dazu. Und dann tat Jesus etwas, das die Jünger verwirrte: Er kniete sich vor einen von ihnen hin und begann ihm selbst die Füße zu waschen! Er, ihr Lehrer! Wie ein Diener kniete er vor ihnen und verrichtete diesen Sklavendienst für sie – auch für Judas. Die Jünger haben diesen Augenblick nicht vergessen. Jesus hat ihnen damit gezeigt, wie sehr er sie liebte und wie ernst es ihm damit ist, den Menschen zu dienen.

? Wie sehr hat Jesus seine Jünger geliebt?

! Jesus hat seine Jünger so sehr geliebt, dass er bereit war für sie zu sterben.

Eines Abends erklärte Jesus den Jüngern, dass er vom Himmel gekommen war, um durch seinen Tod ihre Sünden abzuwaschen. Um ihnen das deutlich zu machen, stand er vom Tisch auf, kniete sich vor den Jüngern hin und wusch ihre staubigen Füße.

Jesus war voller Liebe zu seinen Jüngern. Er kümmerte sich um sie, wenn sie zusammen waren. Er erzählte ihnen von der Liebe des himmlischen Vaters. Er war freundlich und geduldig mit ihnen. Manchmal ist das bestimmt nicht leicht gewesen, denn die Jünger machten auch Fehler und verstanden manchmal gar nicht, was er ihnen sagen wollte. Es kam auch vor, dass sie miteinander stritten, und es gab auch Augenblicke, da vertrauten sie ihm nicht.

Nachdem er ihre Füße gewaschen hatte, erklärte er ihnen, sie sollten seinem Beispiel folgen. Er meinte nicht, dass sie jetzt ständig anderen Leuten die Füße waschen sollten. Er wollte, dass sie einander lieben und einander dienen sollten – wie er es für sie tat.

In dieser Nacht wurde er verhaftet. Nie konnten die Jünger das vergessen, was er für sie getan hatte.

Jesus sagte: »Wie ich, euer Meister und Herr, euch jetzt die Füße gewaschen habe, so sollt auch ihr euch gegenseitig die Füße waschen. Ich habe euch damit ein Beispiel gegeben, dem ihr folgen sollt. Handelt ebenso!« (Johannes 13,14-15)

Lies nach

Die Geschichte, wie Jesus den Jüngern die Füße wusch, steht in Johannes 13,1-17.

Red drüber

Wo du und ich wohnen, tragen alle feste Schuhe, und wir müssen einander nicht die Füße waschen. Aber was könntest du tun, um anderen Leuten zu dienen und ihnen damit die Liebe Jesu zu zeigen?

Fang an

Besorg dir von deiner Mutter eine Schüssel mit Wasser und ein Handtuch – und dann wasch ihr die Füße. Kannst du dir vorstellen, wie es gewesen sein muss, 12 Männern die dreckigen Füße zu waschen?

❓ Was hat Jesus seinen Jüngern versprochen?

Jesus hat seinen Jüngern eine ganze Menge versprochen, oder wie es in der Bibel oft heißt: verheißen. Einiges davon machte sie eher traurig, vor allem natürlich, dass er sterben würde. Aber er gab ihnen ja auch die Verheißung, dass er nach seinem Tod auferstehen und wiederkommen würde. Und dann versprach er seinen Jüngern noch eine besondere Gabe, die sie bekommen würden, wenn er wieder bei seinem Vater im Himmel war.

Es gibt nur einen Gott. Aber dieser Gott existiert in drei Personen, er ist alle drei Personen in einem. Schwierig? Ja, auch Erwachsene können das nicht so ganz verstehen. Nur Gott selbst weiß, wie das ist. Aber die Bibel berichtet uns, dass Gott der Vater, der Sohn und der Heilige Geist ist.

Vom Beginn der Welt an bildeten sie eine liebevolle Einheit. Und als Jesus, der Sohn, in die Welt ging, war der Heilige Geist immer mit ihm. Für uns Menschen natürlich unsichtbar, aber Jesus war nicht allein. Der Heilige Geist begleitete ihn und leitete ihn.

Als Jesus getauft wurde, erfüllte ihn der Heilige Geist mit Kraft. Dann führte er ihn in die Wüste, wo er den schlimmen Versuchungen des Teufels widerstand. Der Heilige Geist gab Jesus die Macht, Wunder zu tun. Und er gab ihm die Entschlossenheit und den Mut, ans Kreuz zu gehen und für uns zu sterben.

Jesus versprach seinen Jüngern, auch ihnen den Heiligen Geist zu senden. Der Heilige Geist, der ihn begleitet hat, sollte auch die Jünger begleiten und leiten, wenn Jesus selbst wieder beim Vater sein würde. Jesus machte seinen Jüngern damit klar: Auch wenn ich dann nicht mehr sichtbar bei euch sein werde, lasse ich euch nicht allein!

Und das hat er nicht nur den Jüngern damals versprochen, sondern das gilt auch heute für jeden, der mit Jesus leben will: Jesus schenkt ihm den Heiligen Geist. Und damit lebt Gott in uns. Und der Heilige Geist hilft uns, Gott zu verstehen, zu lieben und ihm zu vertrauen.

? Was hat Jesus seinen Jüngern versprochen?

! Jesus hat ihnen den Heiligen Geist versprochen. Der Heilige Geist ist so etwas wie Jesu bester Freund. Und er wird auch unser bester Freund, wenn wir auf Jesus vertrauen.

Bevor Jesus zu seinem Vater zurückkehrte, befahl er seinen Jüngern, zusammen in Jerusalem zu bleiben. Sie taten, was er ihnen gesagt hatte.

In Jerusalem gab es damals schon das Fest, das wir heute Pfingsten nennen. Da war die Stadt voller Besucher. Auch die Jünger hatten sich versammelt. Plötzlich hörten sie ein Geräusch – es klang wie ein starker Wind. Das ganze Haus, in dem sie sich aufhielten, war davon erfüllt. Dann sahen sie etwas wie feurige Zungen. Jeder von ihnen spürte, wie das Feuer ihn erfüllte. Was konnten diese Zeichen bedeuten? In der Bibel ist »Wind« das gleiche Wort wie »Heiliger Geist«! Der Wind war ein Zeichen, dass der Heilige Geist zu ihnen kam, wie Jesus versprochen hatte.

Jesus sagt: »Wenn schon ihr hartherzigen, sündigen Menschen euren Kindern Gutes gebt, dann wird doch der Vater im Himmel erst recht denen seinen Heiligen Geist geben, die ihn darum bitten.« (Lukas 11, 13)

Lies nach

Du kannst alles über das Versprechen, das Jesus seinen Jüngern gab, in Johannes 14,15-27 nachlesen.

Denk drüber nach

Wir alle brauchen die Kraft und die Macht des Heiligen Geistes, um für Jesus zu leben. Für welche Punkte in deinem Leben möchtest du den Heiligen Geist bitten, dir zu helfen, dass du so leben kannst, wie Jesus das möchte?

Fang an

Stell dir einen sehr stürmischen Tag vor und gib einen Wetterbericht über das, was wegen des starken Winds alles geschieht. Und dann lies Johannes 3,8 und erinnere dich daran, dass der Heilige Geist wie der Wind ist: Du kannst ihn nicht sehen, aber du siehst seine Macht an dem, was er tut.

? Wie konnte es passieren, dass jemand Jesus verriet?

Es ist schwer zu verstehen, wie jemand Jesus im Stich lassen kann. Jesus hatte zwölf Jünger berufen, er liebte sie. Sie sahen all seine Wunder. Sie hörten seine Predigten und darüber hinaus erklärte er seinen Freunden vieles, wenn er mit ihnen allein war. Muss das nicht großartig für sie gewesen sein, drei Jahre lang mit Jesus zusammenzuleben?

Einer der Jünger hieß Judas Iskariot. Alle anderen Jünger kannten ihn – sie glaubten es jedenfalls. Sie vertrauten ihm, deshalb gaben sie ihm die Aufgabe, das gemeinsame Geld zu verwalten, das sie für Essen, Trinken und die anderen Dinge auf ihren Reisen brauchten.

Eines Tages salbte eine Frau Jesus die Füße mit sehr kostbarem Öl. Judas wurde böse deswegen, weil er fand, man hätte das viele Geld, was die Frau für das Öl ausgegeben hatte, besser einsetzen können – zum Beispiel für die Armen. Das hört sich an, als wäre er wirklich besorgt gewesen wegen der Armen. Aber in Wirklichkeit ging es ihm nur um das Geld, von dem er schon oft etwas für sich selbst genommen hatte. Und dann geschah etwas weitaus Schlimmeres: Als niemand ihn beobachtete, ging er zu den Menschen, die Jesus hassten, und redete mit ihnen. Sie versprachen ihm Geld, wenn er ihnen verriete, wo und wann Jesus gut gefangen zu nehmen sei. Und – er ging auf ihr Angebot ein!

Kannst du dich daran erinnern, wie der Teufel Jesus von seinem Weg abbringen wollte? In Judas fand er schließlich jemanden, der ihm dabei half. Wahrscheinlich glaubte Judas, keiner würde ihn verdächtigen, aber Jesus wusste, was da geschah.

Kannst du dir vorstellen, wie Judas sich gefühlt haben muss, als Jesus ihm so liebevoll wie den anderen Jüngern die Füße wusch? Während des Essens, das darauf folgte, erklärte Jesus seinen Jüngern, dass einer von ihnen ihn verraten würde. Sie waren entsetzt und riefen: »Niemals! Wer?!« Und dann sagte Jesus zu Judas: »Was immer du tun musst, tu es schnell!« Judas wusste, dass Jesus nach dem Essen in den Garten Gethsemane gehen würde. Also ging Judas zu den Soldaten und verriet ihnen diesen Ort. Als die Soldaten kamen, küsste Judas Jesus. Das war das verabredete Zeichen, an dem die Soldaten Jesus erkennen sollten. Mit einem Kuss verriet er ihn. Und die Soldaten nahmen Jesus gefangen und begannen ihn zu quälen.

Man kann eigentlich nicht verstehen, warum Judas das tat. Aber wenn du ganz ehrlich zu dir selber bist, dann entdeckst du vielleicht, dass auch wir Jesus manchmal im Stich lassen.

? Wie konnte es passieren, dass jemand Jesus verriet?

! Judas betrog Jesus. Er begann das Geld mehr zu lieben als den Herrn. Und dann benutzte ihn der Teufel dazu, Jesus zu betrügen.

Manchmal möchten wir gern Dinge tun, die gegen Gottes Willen sind. Niemand anders weiß davon. Wir geben nach und tun das Falsche. Genau das passierte auch Judas.

Judas erkannte nicht, dass auch eine kleine Versuchung wie ein Köder an der Angel ist. Wenn der Fisch den Köder verschluckt, hat er den Haken im Maul und kann nicht mehr fliehen.

Judas wählte das Geld statt Jesus. Jesus wurde ihm immer unwichtiger. Und irgendwann war er ihm richtig im Weg. Der Teufel sorgte dafür, dass Judas die Möglichkeit bekam, Jesus zu verraten. Judas schluckte den Köder – und war für immer gefangen. Später begriff Judas, was er getan hatte. Der Teufel kümmerte sich aber nicht mehr darum. Judas verlor all seinen Lebensmut und brachte sich um.

Sogar Simon Petrus ließ Jesus in dieser Nacht allein. Er folgte ihm zwar dahin, wo er gefangen gehalten wurde, aber als die Leute ihn fragten, sagte er, er würde Jesus nicht kennen. Aber später bat er Jesus um Vergebung für das, was er gesagt hatte. Und Jesus vergab ihm.

Es ist wichtig, sich daran zu erinnern, wenn wir selbst etwas falsch gemacht haben: Wir können Jesus um Vergebung bitten wie Petrus das getan hat, und er wird uns vergeben.

Jesus wurde sehr traurig und sagte ihnen ganz offen: »Ich versichere euch: Einer von euch wird mich verraten.« (Johannes 13,21)

Lies nach

In Johannes 13,18-30, Johannes 18,1-5 und Matthäus 27,3-10 kannst du noch mehr über Judas erfahren.

Red drüber

Wie konnte Jesus wissen, dass Judas aufgehört hatte, ihn zu lieben? Welche »Köder« könnten dich von der Liebe Gottes wegziehen? Was sollen wir tun, wenn wir etwas falsch gemacht haben? Sprecht darüber.

Fang an

Schreib einen kurzen Lebenslauf von Judas. Benutze dazu folgende Stellen: Markus 3,13-19; Johannes 6,70-71; Johannes 12,1-8; Markus 14,10-11; Johannes 13,1-31; Johannes 18,1-9; Matthäus 27,1-10; Apostelgeschichte 1,12-20.

? Musste Jesus viel leiden?

Judas verriet Jesus während des Passa-Festes. Die Menschen in Jerusalem waren dabei, ihr besonderes Passa-Mahl vorzubereiten. Dazu gehört bis heute ein Lamm, denn jedes Jahr erinnern sich die Menschen des Volkes Israel daran, wie sie sich bei der Befreiung aus Ägypten vor dem Todesengel geschützt hatten, der in einer bestimmten Nacht durch die Straßen ging: Gott hatte ihnen befohlen, das Blut eines Lammes an die Türpfosten zu streichen. Und wie bei dem ersten Passa damals in Ägypten werden nun jedes Jahr bei diesem Fest Lämmer geschlachtet.

Während des Passa-Festes erklärte Jesus seinen Jüngern, dass das Passa-Lamm ein Zeichen sei, das auf ihn hindeute. Er sei das wahre Lamm. Er würde für sein Volk leiden und sterben. Sein Leib würde für sie zerbrochen, sein Blut würde für sie vergossen werden. Die Jünger wollten nicht glauben, was sie da von ihm hörten. Das war doch unmöglich! Und dann sagte Jesus auch noch, einer von ihnen würde ihn verraten. Und selbst Petrus würde ihn verleugnen. Das schien doch wirklich unglaublich.

Die Jünger wollten nicht, dass Jesus leidet. Aber Jesus wusste, dass sein Weg durch tiefes Leiden gehen würde.

Nach dem Essen ging er in den Garten Gethsemane, um zu beten. Er bat seinen Vater, die Menschen auf andere Weise retten zu dürfen als durch seinen Tod. Doch am Ende sagte er: »Wenn es dein Wille ist, dann werde ich es tun.« Kurz danach wurde er von den Soldaten, denen Judas den Weg gewiesen hatte, gefangen genommen und zum Hohenpriester gebracht. Der fragte ihn: »Bist du Gottes Sohn?« Und Jesus antwortete: »So ist es.« Da wurde der Hohepriester sehr wütend und warf Jesus vor, Gott zu lästern. Die Menschen, die all das mitbekamen, begannen Jesus zu beschimpfen und ihn anzuspucken. Und die Soldaten schlugen ihn. Und dann brachten sie Jesus zu Pontius Pilatus, dem römischen Kommandanten, denn sie dachten: »Wenn Pilatus hört, dass Jesus sich als König bezeichnet, wird er ihn wegen Verrats am römischen Kaiser töten lassen.« Aber Pilatus unterhielt sich mit Jesus und konnte nicht feststellen, was Jesus gegen das römische Reich verbrochen haben sollte. Er hielt ihn für unschuldig. Doch die Menge war so aufgebracht, dass sie nur noch schrie: »Kreuzige ihn!« Und als Pilatus, wie es üblich war beim Passa-Fest, einen Gefangenen freigeben wollte, verlangte das Volk den Barabbas – einen Mörder! – freizulassen, aber Jesus zu kreuzigen.

Und so wurde Jesus von den Soldaten weggeführt, geschlagen, beschimpft, gedemütigt und gezwungen, sein eigenes Kreuz nach Golgatha zu tragen. Jesus war schon zu schwach dazu; unterwegs wurde Simon von Kyrene von den Soldaten gezwungen, Jesus zu helfen. Auf dem Hügel Golgatha schließlich wurde Jesus dann brutal mit seinen Händen und Füßen an das Kreuz genagelt. Dann wurde das Kreuz aufgerichtet.

Die Menschenmenge lachte Jesus aus, dem sie vor kurzer Zeit noch zugejubelt hatten. Es war schrecklich.

Und Jesus ging durch dieses ganze Leid, weil er die Menschen – uns alle – unendlich liebt.

? Musste Jesus viel leiden?

! Jesus wurde geschlagen, bespuckt und ausgelacht. Dann wurde er gekreuzigt. Er starb eines grausamen und fürchterlichen Todes.

Jesus musste sehr viel leiden. Seine Jünger verließen ihn und er war allein. Sein Körper war zerschlagen. Niemand half ihm. Niemand rief: »Hört endlich auf damit!«

Jesus war schwach, und sicher taten ihm alle Glieder weh. Aber selbst am Kreuz betete er. Er bat Gott, den Menschen zu vergeben.

Und dann gab es den Moment, in dem Jesus glaubte, Gott habe ihn verlassen. Er schrie: »Mein Gott, mein Gott, warum hast du mich verlassen?« Das war wohl das schwerste Stück Leiden.

Jesus nahm es auf sich, um unser Retter zu sein.

Er nahm den Tod auf sich und wurde zu den Verbrechern gezählt. Doch er hat viele von ihren Sünden erlöst, denn er ließ sich für ihre Verbrechen bestrafen. (Jesaja 53,12)

Lies nach

Einen Teil der Kreuzigungsgeschichte kannst du in Lukas 23,26-47 nachlesen.

Denk drüber nach

Was geht dir durch den Kopf, wenn du ein Bild von der Kreuzigung siehst?

Fang an

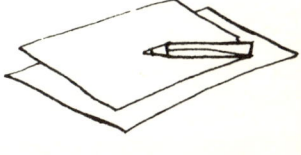

Guck dir die erste Seite einer Tageszeitung genau an. Wie wird da beschrieben, was in der Welt passiert?

Wie hätte wohl die erste Seite der »Neuen Jerusalemer Nachrichten« ausgesehen, die von dem Geschehen der Kreuzigung berichtete? Entwirf diese Seite!

? Warum musste Jesus sterben?

Jesus nahm am Kreuz unendlich schweres Leiden auf sich. Und wenn er davon sprach – vorher und dann auch nach seiner Auferstehung –, sagte er immer, dass er diesen Weg gehen musste. Aber warum?

Kannst du dich daran erinnern, wie das bei der Taufe Jesu war? Als Johannes der Täufer Jesus kommen sah, sagte er: »Dies ist das Lamm Gottes, das die Sünden der Welt trägt.« Was meinte er damit?

Schon vor Jesu Zeit durften die Israeliten Tiere schlachten und verbrennen, um für ihre Sünden vor Gott zu büßen. Das Tier trug die Strafe, die eigentlich den Menschen hätte treffen müssen.

Das war sicher keine Kleinigkeit, denn Tiere waren kostbar. Die meisten Familien lebten ganz oder zum Teil von der Viehzucht.

Wenn Johannes sagt, Jesus sei das Lamm, das die Sünde der Welt trägt, dann denkt er an solch ein Opfertier. So wie früher ein Lamm geopfert wurde, um die Sünden seines Besitzers wieder gutzumachen, so ist Jesus am Kreuz gestorben, um unsere Sünden wieder gutzumachen und uns wieder mit Gott zusammenzubringen.

? **W**arum musste Jesus sterben?

! **A**ls Jesus starb, trug er die Strafe für unsere Schuld.

Du erinnerst dich bestimmt an die Geschichte von Adam und Eva, den beiden ersten Menschen. Sie lebten in der Nähe Gottes in einem wunderschönen Garten, bis der Teufel sie verführte: Sie aßen Früchte von einem Baum, den Gott ihnen verboten hatte. Deshalb mussten sie den Garten verlassen. Seit dieser Zeit lebten die Menschen getrennt von Gott, und seit dieser ersten Sünde taten sie immer wieder das Falsche. Auch wir können gar nicht anders.

Gott wusste, dass die Menschen nicht ohne ihn leben konnten, und dass sie immer wieder alles falsch machen würden. Denn sie würden immer unter der Schuld und der Trennung von Gott leiden, die Adam und Eva verursacht hatten. Wegen dieser ersten Sünde können wir Menschen niemals von alleine so leben, wie Gott das will.

Weil Gott uns lieb hat, kann er nicht mit ansehen, wie wir immer wieder Schuld auf uns laden, uns und anderen wehtun und ihn selbst einfach vergessen. Er möchte wieder mit uns zusammenleben wie am Anfang.

Weil wir uns alleine nicht von unserer Schuld befreien können, will Gott uns befreien. Weil er wollte, dass wir ihn richtig verstehen, schickte er seinen Sohn als Mensch auf die Erde, damit er mit uns reden konnte und uns zeigen konnte, was Gott vorhatte.

Und damit er unsere Schuld auf sich nehmen konnte.

Wenn jemand etwas Schlimmes getan hat, kommt er normalerweise vor Gericht und wird dafür bestraft. Aber Gott hat beschlossen, uns nicht für unsere Sünden zu bestrafen, weil er uns liebt. Deshalb sandte er seinen Sohn, und der trug die Strafe, die wir Menschen eigentlich verdient haben.

Der auch seinen eigenen Sohn nicht verschont hat, sondern hat ihn für uns alle dahingegeben – wie sollte er uns mit ihm nicht alles schenken? (Römer 8,32)

Lies nach

Schau doch mal in 3. Mose 1 nach, was bei einem Tieropfer geschah.

Red drüber

Frag deine Eltern und Leute aus deiner Gemeinde, was ihnen die Tatsache bedeutet, dass Jesus für sie gestorben ist. Was bedeutet sie dir selbst?

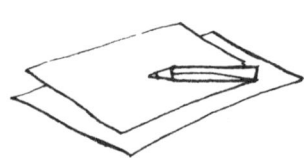

Fang an

Stell dir vor, du wärst Johannes der Täufer. Bitte deine Mutter oder deinen Vater, mit dir ein Interview für die »Jerusalemer Fernseh-Nachrichten« zu führen. Erklär den Zuschauern, wer Jesus ist und wieso du ihn »das Lamm der Welt« genannt hast.

? Ist Jesus noch immer tot?

Kurz bevor Jesus am Kreuz starb, sagte er etwas so laut, dass alle es hören konnten. Die Leute waren überrascht, dass er überhaupt noch reden konnte, und sie wunderten sich auch über das, was er sagte: »Es ist vollbracht!« Jesus hatte das Werk Gottes vollendet. Er neigte den Kopf und starb.

Und nun? Was sollte mit seinem Leichnam geschehen? Die Römer hatten verboten, Verbrecher zu beerdigen. Und die Juden verboten, einen Gekreuzigten in einem Familiengrab beizusetzen. Eine schwierige Situation. Da kamen zwei Männer zu Pilatus und baten um den Leichnam Jesu. Pilatus war wahrscheinlich froh, dass sich jemand darum kümmerte, und übergab ihnen den Toten. Der eine der Männer war Josef von Arimathäa. Josef war ein reicher Mann und besaß eine Grabstätte in einem Garten. Die hatte er wahrscheinlich für sich selbst gekauft, sie war unbenutzt. Aber nun wollte er, dass Jesus dort beerdigt wurde. Und der andere Mann? Das war Nikodemus. Offenbar hatte er begonnen, Jesus zu vertrauen. Nun blieb ihnen nichts anderes mehr für Jesus zu tun, als ihn anständig zu beerdigen. Mit einem großen Stein verschlossen sie die Grabhöhle.

Der folgende Tag war für die Juden ein heiliger Tag, und

alle blieben zu Hause. Keiner ging zu dem Grab, um nachzu-sehen, wo Jesus lag. Aber am Morgen darauf geschah etwas ganz Unfassbares. Jesus erwachte zu neuem Leben. Er stand auf, als hätte er nur geschlafen, und streifte die Leichentücher ab, in die man ihn gewickelt hatte.

Die Römer hatten Wachen vor das Grab gestellt, damit nie-mand den Leichnam Jesu stehlen konnte. Aber nun erlebten die Wachen so etwas wie ein Erdbeben. Sie wussten nicht, was da im Grab geschah. Und dann sahen sie einen Engel von strahlender Helligkeit – und völlig verstört flüchteten sie.

Der Engel rollte den Stein vom Grab – und Jesus kam heraus. Jesus lebt!

? Ist Jesus noch immer tot?

! Nein! Jesus ist am Kreuz gestorben und wurde begraben. Aber am dritten Tag ist er auferstanden und lebt nun für ewig.

Jesus war wirklich tot und begraben. Die Bibel sagt, dass die Sünde die Ursache für den Tod ist. Der Tod kam in die Welt wegen der Sünde. Das ist der Grund, warum wir alle sterben. Die Sünde ist tief in uns drin.

Aber sie war nicht in Jesus, denn Jesus war Gottes Sohn.

Gott wollte, dass Jesus unsere Stelle einnahm. Jesus starb an unserer Statt. Er trug die Strafe für unsere Sünde. Aus kei-nem anderen Grund hätte Jesus sterben müssen.

Der Tod ist mächtig genug, Menschen in seiner Macht zu halten. Aber den Sohn Gottes konnte er nicht festhalten. Er war nicht stark genug, Jesus für mehr als ein paar Tage in sei-ner Gewalt zu haben.

Jesus sprengte die Fesseln des Todes.

Als Jesus das Grab verließ, ließ er den Tod hinter sich. Der Tod hatte keine Macht mehr. Weil Jesus den Tod für sich selber besiegt hat, dürfen wir gewiss sein, dass er dasselbe eines Tages auch für uns tun wird.

Diesen Jesus hat Gott auferweckt und damit die Macht des Todes gebrochen. Wie hätte auch der Tod über ihn Gewalt behalten können! (Apostelgeschichte 2,24)

Lies nach

Alle vier Evangelien berichten über die Auferstehung Jesu. Lies in Matthäus 27,57 bis 28,15 einen Bericht davon nach.

Red drüber

Worüber haben sich die Jünger wohl nach dem Tod Jesu unterhalten? Wie ging es ihnen? Du findest dazu Hinweise in Markus 16,1-3 und in Lukas 24,13-18. Sprich auch mit anderen darüber.

Fang an

Stell dir vor, du wärst einer der Wachleute am Grab Jesu. Du musst einen Bericht über das Geschehen für deinen Vorgesetzten verfassen. Was schreibst du?

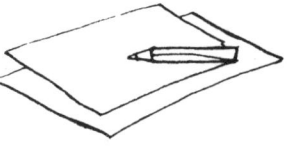

? Was macht Jesus jetzt?

Nach seiner Auferstehung verbrachte Jesus sechs Wochen mit seinen Jüngern. Er half ihnen, alles zu verstehen, erklärte ihnen ihre Aufgabe und bereitete sie darauf vor, dass er sie wieder verlassen würde, um bei seinem Vater zu sein.

Als dieser Tag kam, ging Jesus mit seinen Jüngern an einen ruhigen Ort. Er gab ihnen die große Verheißung, dass sie eines Tages für immer bei ihm sein würden. »Aber nun muss ich zu meinem Vater zurückkehren«, sagte er. »Ihr macht euch auf den Weg zurück nach Jerusalem. Dort wird der Heilige Geist zu euch kommen, den ich euch versprochen habe. Mit seiner Hilfe und seiner Kraft könnt ihr anderen Menschen auf der ganzen Welt vom Reich Gottes erzählen und sie einladen, auch meine Jünger zu sein.«

Kannst du dich an die Geschichte erinnern, als Petrus, Jakobus und Johannes die Herrlichkeit Gottes auf dem Berg sahen? So ähnlich war es jetzt auch: Eine Wolke erschien und Jesus wurde vor den Augen der erstaunten Jünger von dieser Erde weggenommen.

Die Jünger taten, was Jesus ihnen befohlen hatte. Und alles kam so, wie er es ihnen vorausgesagt hatte. Sie erzählten die frohe Botschaft von Jesus weiter. Manche von ihnen wurden deswegen verfolgt, einige sogar ermordet. Aber die Botschaft von Jesus verbreitete sich im ganzen Land und bis an das Ende der Welt.

Aber was tat Jesus, nachdem er die Jünger verlassen hatte? Er ging zurück in sein himmlisches Reich. Welch ein Empfang muss das dort gewesen sein! Und er nahm seinen Platz an der Seite seines Vaters wieder ein.

Und nun? Was tut Jesus nun? Er kümmert sich um diese Welt, damit Gottes Plan mit ihr zum Ziel kommt. Er passt auf Tiere und Pflanzen auf und hat auch ein Auge auf die Menschen. Nichts passiert ohne ihn. Und in ganz besonderer Weise kümmert er sich um seine Nachfolger. Er weiß sogar, wie viele Haare du auf dem Kopf hast. Im Neuen Testament können wir über Jesus lesen, und er selbst sendet uns seinen Heiligen Geist, damit wir das Neue Testament richtig verstehen und danach leben können.

Jesus ruft noch immer Menschen in seine Nachfolge. Natürlich hören wir seine Stimme nicht so wie Andreas, Petrus, Jakobus oder Johannes sie hören konnten. Aber er benutzt die Bibel dafür – und Menschen, die schon seine Jünger sind.

Jesus sagte zu seinen Jüngern: »Ich werde meine Gemeinde bauen und nichts wird mich aufhalten.« Und genau das geschieht seit vielen hundert Jahren. Nichts kann ihn und sein Reich aufhalten.

Ist das nicht eine gute Nachricht?

? Was macht Jesus jetzt?

! Jesus erhält die Welt am Leben. Alles beruht auf seiner Macht. Er tut dies, weil er auf der ganzen Welt seine Gemeinde bauen möchte.

Jesus hat gesagt, er ist in die Welt gekommen, um seine Gemeinde zu bauen. Als er seine Jünger verließ, sandte er ihnen den Heiligen Geist, damit sie diese Aufgabe weiterführen konnten. Der Heilige Geist sandte dann die Jünger in die ganze Welt, damit sie die gute Nachricht von Jesus weitererzählten.

Oft wurde die Gemeinde der Christen angegriffen. Oft wurde sie müde. In manchen Ländern ist sie zeitweise ganz verschwunden. Und manchmal sind die Christen nicht besonders geschickt bei dem, was sie in Jesu Auftrag tun sollen. Oder sie nehmen diesen wichtigen Auftrag Jesu nicht mehr so ernst.

Aber Jesus kümmert sich immer um seine Gemeinde. Er berief und beruft auch heute ganz unterschiedliche Menschen, um in ganz verschiedenen Ländern der Welt den Kindern, Jugendlichen und Erwachsenen die gute Nachricht zu verkünden.

Und eines Tages wird er den Bau seiner Gemeinde vollenden. Dann wird er wiederkommen und alle seine Nachfolger werden mit ihm zusammen sein.

Jesus sprach zu ihnen: »Mir ist gegeben alle Gewalt im Himmel und auf Erden. Darum gehet hin und machet zu Jüngern alle Völker: Taufet sie auf den Namen des Vaters und des Sohnes und des heiligen Geistes und lehret sie halten alles, was ich euch befohlen habe. Und siehe, ich bin bei euch alle Tage bis an der Welt Ende.« (Matthäus 28,18-20)

Lies nach

In Apostelgeschichte 1,1-12 kannst du nachlesen, wie die letzten Tage Jesu mit seinen Jüngern hier auf der Erde aussahen.

Denk drüber nach

Stell dir vor, du wärst mit Petrus, Andreas, Jakobus und Johannes auf dem Weg zurück nach Jerusalem nachdem Jesus in den Himmel aufgefahren ist. Worüber sprecht ihr?

Fang an

Welches Land dieser Erde würdest du gern mal sehen? Kannst du es auf einer Landkarte finden? Wie ist die Botschaft von Jesus wohl in dieses Land gekommen? Vielleicht können deine Eltern dir helfen, etwas darüber herauszufinden.

? Was wird Jesus in Zukunft tun?

Jesus hat seine Jünger immer wieder darauf vorbereitet, dass er sie eines Tages verlassen würde. Aber dennoch muss es für sie ein Schock gewesen sein, als er in der Wolke verschwand und sie allein zurückblieben. Petrus, Jakobus und Johannes hatten eine solche Wolke ja schon einmal gesehen. Vielleicht glaubten sie, Jesus würde wieder da sein, wenn die Wolke verschwände. So war es damals auf dem Berg gewesen. Aber diesmal war er wirklich nicht mehr da. Die Jünger standen herum und starrten in den Himmel. Keiner von ihnen wusste, was er sagen sollte. Plötzlich standen zwei weiß gekleidete Männer vor ihnen – Boten Gottes. »Warum steht ihr hier und schaut in den Himmel? Jesus wird eines Tages wiederkommen, genau so, wie er jetzt von euch gegangen ist.« Die Jünger erinnerten sich daran, wie Jesus von seiner Wiederkunft gesprochen hatte.

Wir wissen nicht, was genau in der Zukunft passieren wird. Aber eins wissen wir ganz genau: Jesus wird wiederkommen, wie er es versprochen hat. Aber was wird er dann tun?

Wenn er wiederkommt, werden alle seine Herrlichkeit und Macht sehen. Er wird die Welt als König betreten. Jeder Mensch wird vor ihm auf die Knie fallen. Das wird ein absolut großartiger Tag!

Wenn Jesus wiederkommt, wird er die Toten auferwecken. Die Menschen, die ihm vertraut haben, werden ihren Körper wiedererhalten, aber in einer veränderten Form. Sie werden neu und rein und stark sein. Ihre Körper werden nicht mehr krank oder müde. Und noch etwas wird Jesus tun: Er wird die ganze Welt erneuern.

Wir haben doch manchmal den Eindruck, die Welt gerate aus den Fugen. So viele schreckliche Dinge geschehen, als hätte niemand mehr die Kontrolle. Die Menschen kämpfen gegeneinander und töten sich gegenseitig, und die Tiere tun das Gleiche. Jesus wird das alles ändern. Menschen, Tiere und die ganze Welt werden friedlich miteinander leben.

Aber es gibt auch eine traurige Seite der Geschichte: Es gibt Menschen, die nicht an Jesus glauben und auch nicht darauf warten, dass er wiederkommt. Sie dienen ihm nicht und möchten auch in Zukunft nicht mit ihm leben. Das Traurige ist: Sie werden das bekommen, was sie sich gewünscht haben: Sie werden aus der Gegenwart Jesu weggeschickt werden. Das muss so ähnlich sein wie an einen völlig finsteren Ort zu kommen, wo es weder Sonne, Mond und Sterne noch sonst ein Licht gibt.

Aber wenn Jesus die ganze Welt neu und wunderbar gemacht hat, wird er noch etwas ganz Besonderes tun: Er wird uns zu seinem Vater bringen und sagen: »Vater, hier sind alle, die dich lieben. Sie wollen für immer bei dir sein.« Und dann dürfen wir für immer in der Gegenwart Gottes leben. Großartig!

? Was wird Jesus in Zukunft tun?

! Jesus hat versprochen wiederzukommen, alles neu zu machen und sein Reich für immer und ewig mit uns zu teilen.

Jesus ist in den Himmel zurückgekehrt und lebt ganz in der Gegenwart seines Vaters. Aber er hat uns nicht vergessen. Er hat versprochen, zu uns zurückzukommen. Dann wird er alles in Ordnung bringen, was falsch gelaufen ist. Er wird alles wieder so schaffen, wie es ursprünglich geplant war.

Als die Sünde am Anfang der Zeit in die Welt kam, hat sie alles zerstört. Die Schöpfung um uns herum ist nicht mehr so, wie Gott sich das gedacht hat. Man muss nur die Tiere angucken, wie böse sie sein können und wie sie sich gegenseitig auffressen. Auch wir Menschen haben ständig Angst voreinander und bekämpfen uns.

Jesus hat viel Geduld. Er hätte die Macht, die Welt zu zerstören. Aber er tut es nicht, weil er diese Welt liebt. Er möchte, dass wir die Chance haben, uns für ihn zu entscheiden und ihm zu vertrauen.

Aber eines Tages wird Jesus wiederkommen. Und das wird DAS ENDE dieser alten Welt sein. Es wird aber zugleich DER ANFANG der neuen Welt sein, in der alles so ist, wie Gott das will.

Jesus sagt: »Wenn alles bereit ist, werde ich wiederkommen und euch zu mir holen. Dann werdet auch ihr dort sein, wo ich bin.« (Johannes 14,3)

Lies nach

In 1. Korinther 15,50-58 kannst du nachlesen, wie es sein wird, wenn Jesus wiederkommt.

Red drüber

Hör genau hin, während jemand dir die Stelle aus dem 1. Korintherbrief vorliest. Schließ deine Augen und beschreib mit eigenen Worten, wie du dir das alles vorstellst.

Fang an

In der Offenbarung 22,1-2 wird ein Teil der neuen Schöpfung Gottes beschrieben. Kannst du davon ein Bild malen?

Jesus ruft uns
in seine Nachfolge

Frage 28-33

? Was lernen wir bei Jesus über ein glückliches Leben?

Eines Tages versammelte Jesus seine Jünger um sich. Er hatte ihnen schon über sein Reich erzählt und wie er darin König sein würde. Nun begann er, ihnen zu erklären, wie man in seinem Reich leben soll. »Zuerst will ich euch von dem Glück erzählen, das Gott in euer Leben bringen will. Dieses Glück ist ganz anders als die Menschen in der Welt denken.«

Viele Menschen meinen, man könne nur glücklich sein, wenn man viel Geld hat. Aber es gibt viele Menschen, die trotz ihres Reichtums sehr unglücklich sind. Jesu Weg zum Glück besteht darin, dass wir erkennen, wie arm wir innerlich sind wegen unserer Sünde, und dass nur Jesus uns das geben kann, was wir wirklich brauchen.

Viele Menschen meinen, man könne nur glücklich sein, wenn man alles meidet, was einen traurig machen könnte. Jesus dagegen sagt: Wahres Glück besteht darin, über die eigene Schuld traurig zu sein und Jesus um Vergebung zu bitten. Gott vergibt uns, und dann können wir wirklich glücklich sein.

Viele Menschen meinen, man könne nur glücklich sein, wenn man immer stark ist und gewinnt. Jesus dagegen sagt: Wirkliches Glück erfahren wir, wenn wir ihn in unserem

Leben wirken lassen – egal, ob wir immer gewinnen in dieser Welt.

Viele Menschen meinen, man könne nur glücklich sein, wenn man alles bekommt, was man sich wünscht. In vielen Katalogen und Zeitschriften sehen wir immer wieder, was man alles »zum eigenen Glück« noch so brauchen könnte: Autos, Häuser, Möbel, einen tollen Beruf, gutes Aussehen usw. Aber dann gibt es Menschen, die alles zu haben scheinen und trotzdem unglücklich sind. Jesus sagt: Wirklich glücklich könnt ihr nur werden, wenn ihr mich in euren Herzen bestimmen lasst und von all diesen äußeren Dingen unabhängig werdet.

Viele Menschen meinen, man könne nur glücklich sein, wenn man immer zuerst an sich selbst denkt. Jesus aber sagt: Wahres Glück erfahren wir, wenn wir uns um arme und hilfsbedürftige Menschen kümmern und denen helfen, die keinen anderen Menschen haben.

Viele Menschen meinen, man könne nie richtig glücklich sein, wenn man Jesus nachfolgt. Andere könnten einen auslachen und verspotten. Aber Jesus sagt, dass er seine Jünger nie allein lassen wird – schon gar nicht, wenn sie traurig oder in Not sind.

? **W**as lernen wir bei Jesus über ein glückliches Leben?

! **J**esus lehrt uns, dass wirkliches Glück darin liegt, ihm nachzufolgen. Dieses Glück ist echt und gilt für immer.

Jeder Mensch möchte glücklich sein. Aber viele Menschen wissen nicht, wie sie denn glücklich werden können. Wir können nur dann wirklich glücklich werden, wenn wir so leben, wie Gott es möchte – schließlich hat er uns erschaffen.

Viele Menschen glauben, man könne nicht Christ und zugleich ein glücklicher Mensch sein. Sie haben Angst vor dem, was es kostet, Jesus zu folgen. Sie denken: Was werden andere über mich sagen? Werden andere Menschen mich verspotten? Werden sie mich verletzen, weil ich zu Jesus gehöre? All das kann einen Menschen davon abhalten, Jesus zu folgen.

Jesus hat von einer besonderen Art des Glücks geredet, das er uns schenken will: wirkliches und dauerhaftes Glück.

Den Weg zu diesem Glück hat er in der berühmten Bergpredigt beschrieben. Du findest sie bei Matthäus in den Kapiteln 5-7. Sie beginnt mit den so genannten Seligpreisungen.

Jesus sagt: »Was hilft es dem Menschen, wenn er die ganze Welt gewinnt und nimmt doch Schaden an seiner Seele?« (Matthäus 16,26)

Lies nach

Die Seligpreisungen kannst du in Matthäus 5,1-12 nachlesen.

Red drüber

Was denken viele Menschen, was sie glücklich machen würde? Warum kann allein Jesus uns wirklich glücklich machen? Sprecht darüber.

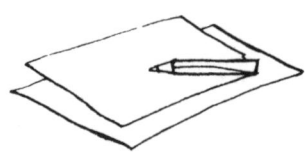

Fang an

Du brauchst 8 Bögen Papier. Mal auf jedes Blatt den Umriss deines Fußes und schreib jeweils eine der Seligpreisungen hinein. Dann kannst du alles in der richtigen Reihenfolge aneinander kleben und »Jesus macht uns glücklich« drüberschreiben.

? **W**ie können wir so leben, wie Gott es will?

Das ist gar nicht so einfach. Jesus möchte, dass alle seine Jünger nach Gottes Willen leben. Nicht nur irgendwie ein bisschen, sondern wirklich von Grund auf, immer.

Schon Jahre bevor Jesus geboren wurde, gab es eine Gruppe von Männern, die so leben wollten, wie Gott es will. Man nannte sie »Pharisäer«. Sie lasen in Gottes Wort, diskutierten darüber, wie es zu verstehen sei und wollten ganz nach den Geboten Gottes leben. Sie wussten, dass das nicht einfach ist; sie wussten, wie unser Herz oft ganz andere Dinge und Wege möchte.

Und so überlegten sie, wie sie einander helfen könnten, die Gebote Gottes zu halten. Sie kamen zu dem Schluss, dass sie sich weitere Gesetze geben mussten, die ihnen helfen sollten, nach Gottes Geboten zu leben. Vielleicht keine ganz schlechte Idee. Stell dir das ungefähr so vor: Deine Mutter möchte, dass du morgens um sieben aufstehst. Damit du wirklich um sieben aufstehen kannst, stellst du dir den Wecker auf kurz vor sieben – so kannst du sicher sein, um sieben dann bestimmt aufgestanden zu sein. Ist doch eigentlich pfiffig, oder?

Aber was hältst du von dem Folgenden:

Gott hatte seinem Volk befohlen, an einem Tag in der Woche nicht zu arbeiten, sondern sich auszuruhen. Das war der Sabbat. Um nun ganz sicherzugehen, legten die Pharisäer ganz genau fest, was denn Arbeit sei (und damit am Sabbat verboten) und was nicht. Sie fügten neue Gebote zu Gottes Gesetz hinzu.

Und dann geschah es eines Tages, dass Jesus mit seinen Jüngern am Sabbat durch die Felder ging. Die Jünger pflückten dabei einige Ähren, um sie zu essen (was erlaubt war). Da kamen Pharisäer auf sie zu und stellten sie zur Rede: »Was tut ihr da? Das ist gegen das Gesetz! Ihr erntet am Sabbat Korn – und das ist Arbeit und deshalb verboten am Sabbat! Warum hast du, Jesus, das deinen Jüngern nicht verboten?« Sie wollten Jesus damit vor den anderen Menschen des Volkes schlecht machen.

Aber merkst du auch, was da bei den Pharisäern passiert ist? Sie hatten plötzlich mehr Interesse daran, ihre eigenen Regeln zu halten und darauf zu achten, dass auch die anderen sie einhielten, als sich um den Sinn der Gebote Gottes zu kümmern.

Sie hatten aus dem Blick verloren, dass Gott den Menschen den Sabbat geschenkt hat, damit wir ausruhen können und nicht zu arbeiten *brauchen*. Wir sollen diesen Tag haben, um ihn mit lieben Menschen zu verbringen, die Schöpfung zu genießen, Zeit für Gebet und Stille zu nutzen.

Aber die Pharisäer waren so sehr daran interessiert, ihre eigenen Gebote zu halten, dass sie diesen Sinn aus den Augen verloren. Sie hielten sich für gut und bemühten sich, Gottes Gebote zu befolgen. Aber ihr Herz war nicht gut. Denn sie übersahen das Wichtigste: Es ist vergeblich, vor Gott gut dastehen zu wollen. Nur Gott allein ist gut. Wir schaffen es niemals aus eigener Kraft, gut zu sein.

Wir können nur auf Gott vertrauen, dass er uns vergibt, was wir falsch machen, und uns die Kraft gibt, immer mehr nach seinem Willen zu leben.

? **W**ie können wir so leben, wie Gott es will?

! **J**esus möchte, dass seine Jünger und Freunde ein wirklich gutes und richtiges Leben führen. Wir brauchen seine Gegenwart und Kraft, um so zu leben, wie er es will. Deswegen hat Jesus versprochen, jedem seiner Nachfolger den Heiligen Geist als Hilfe und Kraft zu senden.

Also: Gut zu sein ist schwieriger als die meisten Menschen meinen. Selbst wenn wir es schaffen könnten, alle Regeln einzuhalten, würde uns das nicht wirklich gut machen.

Jesus allein kann uns gut machen: Zum einen stirbt er für uns am Kreuz, so dass unsere Sünden vergeben sind. Und zum anderen gibt er uns seinen Heiligen Geist. Wenn wir Jesu Geist in uns haben, werden wir wirklich gut und gerecht leben wollen.

Jesus sagt: »Ich warne euch: Wenn ihr nicht mehr aufweisen könnt als die Pharisäer und Schriftgelehrten, kommt ihr nicht in Gottes Reich.« (Matthäus 5,20)

Lies nach

Was Jesus über ein gutes und gerechtes Leben sagt, kannst du in der Bergpredigt (Matthäus 5-7) nachlesen.

Denk drüber nach

Findest du es schwer, gut zu sein? Was fällt dir daran schwer? Was meinst du, wie Jesus dir dabei helfen kann?

Fang an

In seinem Brief an die Galater nennt Paulus in Kapitel 5,22-23 das wirkliche »Gut-Sein« eine Frucht des Geistes. Mal eine dicke Traube mit neun Weinbeeren und schreib in jede Beere eine Eigenschaft dieser Frucht.

? **W**as können wir von Jesus über ein ehrliches Leben lernen?

Erinnerst du dich an die Pharisäer? Jesus sagte, dass ihr Leben nach außen ganz gut aussehe – aber in ihnen sehe es manchmal ganz anders aus.

Menschen, die Gott lieben, wollen nach seinem Willen leben. Sie gehen an Menschen in Not nicht einfach vorbei, sie beten für diese Welt und sie tun bestimmte Dinge deshalb nicht, weil sie vor Gott nicht richtig sind. Die Pharisäer wollten auch nach Gottes Willen leben. Sie gaben Geld für die Armen, sie beteten, an zwei Tagen in der Woche fasteten sie – sie schienen ein Gott geweihtes Leben zu führen. Aber Jesus konnte sehen, was in ihnen vorging.

Er nannte sie Heuchler. Das sind Menschen, die sich verstellen und sich nicht so benehmen oder reden, wie sie wirklich sind.

Wenn ein Heuchler Armen etwas schenkte, dann achtete er darauf, dabei auch gesehen zu werden. Jeder sollte mitbekommen, was er Gutes tat. Im Mittelpunkt stand nicht die Sorge um die Armen, sondern der Wunsch, dass andere Menschen seine Tat loben sollten.

Wenn Heuchler beteten, dann machten sie eine Show daraus: Sie stellten sich an eine Straßenecke, wo jeder sehen konnte, wie innig sie beteten.

Auch heute gibt es solche Menschen. Ihr Leben sieht nach außen hin so aus, als würden sie Gott über alles lieben und ihn ehren. Aber eigentlich schauen sie bei ihrem ganzen Tun danach, ob andere Menschen sie auch sehen und ihr Tun würdigen.

Wenn wir Gott wirklich lieben, brauchen wir nicht mehr darauf zu achten, was die anderen Menschen über uns denken. Wir helfen Armen, ohne dass jemand das mitbekommt. Wir beten auch dann, wenn niemand uns dabei sieht. Wir haben es nicht mehr nötig, von den Menschen bestaunt zu werden, weil wir wissen, dass Gott uns liebt und all unser Tun sieht.

? **W**as können wir von Jesus über ein ehrliches Leben lernen?

! **J**esus möchte, dass wir ihn von ganzem Herzen lieben und ihm dienen. Und er möchte, dass wir das ganz ehrlich tun und nicht einen Glauben vortäuschen, den wir gar nicht ernst meinen.

Jesus möchte nicht, dass wir nur so tun, als wären wir seine Nachfolger. Manchmal behaupten Menschen z.B., sie wären besser als andere. Und oft tun sie das, damit die anderen sie auch für besser halten. Jesus nennt solche Menschen Heuchler.

Ein Heuchler ist in Wirklichkeit ein Schauspieler. Er tut, als wäre er jemand anders als er wirklich ist. Aber es hat keinen Sinn, Jesus etwas vorzuspielen. Er kann nämlich hinter unsere Masken schauen. Er weiß, wer wir wirklich sind.

Weil Jesus uns liebt, müssen wir uns vor ihm nicht verstellen. Er wird uns immer vergeben, wenn wir etwas nicht richtig gemacht haben und das vor ihm bekennen. Er wird uns immer helfen, wenn wir ihm sagen, wie sehr wir ihn brauchen, um ein ehrliches Leben zu führen.

Jesus sagt: »Wenn du aber jemandem hilfst, dann soll deine linke Hand nicht wissen, was deine rechte tut; niemand soll davon erfahren. Dein Vater, der alles sieht, wird dich dafür belohnen.« (Matthäus 6,4)

Lies nach

Lies in der Bergpredigt nach, was Jesus über Heuchler sagt. Du findest die Stelle in Matthäus 6,1-18.

Red drüber

Meinst du, dass Christen auch heute so tun, als wären sie besser als sie sind? Warum wohl? Wie können wir es schaffen, ehrlich und wahrhaftig zu sein? Sprich mit deinen Eltern darüber.

Fang an

Kannst du in drei Bildern darstellen, was Jesus über das Tun der Heuchler sagt?

? Was können wir von Jesus über das Beten lernen?

Jesu Liebe zum Gebet faszinierte die Jünger. Er lehrte sie, dass es Menschen gibt, die zwar beten, aber eigentlich nur dabei gesehen und bewundert werden wollen. Bei ihm war das anders: Wenn er betete, dann redete er wirklich mit seinem Vater im Himmel. Manchmal betete er auch mit seinen Jüngern, und dann spürten sie, dass er anders betete, als sie es kannten. Sie merkten, wie vertraut er mit seinem Vater war und wie sehr er ihn liebte.

Jesus möchte, dass wir genauso beten lernen wie er. Deshalb hat er in der berühmten Bergpredigt die Menschen gelehrt, wie sie Gott wirklich als ihren Vater ansprechen können. Er gab ihnen so etwas wie einen Rahmen für das Gebet. An diesem Rahmen wird deutlich, wie und was wir beten sollen.

Wenn wir Gott als unseren Vater ansprechen, können wir ihm sagen, dass wir ihm vertrauen und wissen, dass er es gut mit uns meint.

Und worum sollen wir ihn bitten? Erinnerst du dich daran, was Jesus von seinem kommenden Reich gesagt hat? Wir können Gott darum bitten, dieses Reich in unserer Welt zu bauen, damit jeder es wahrnehmen kann. Im Himmel wird der Wille Gottes stets ausgeführt – wir können darum bitten, dass dies auf der Erde auch so wird. Damit drücken wir auch unseren Wunsch aus, selbst ganz nach seinem Willen zu leben. Möchtest du das?

Unser Vater im Himmel weiß, was wir brauchen für unser Leben. Und in dem Gebet, das Jesus uns lehrt, wird deutlich, was wir aus Gottes Sicht brauchen:

Als Erstes brauchen wir lebensnotwendige Dinge wie Nahrung und Kleidung. Darum lehrt uns Jesus, um das zu beten, was wir täglich brauchen.

Als Zweites brauchen wir Gottes Vergebung für unsere Schuld. Keiner kann für das, was er vor Gott falsch gemacht hat, selber geradestehen. Deshalb erbitten wir seine Vergebung.

Und als Drittes brauchen wir die Kraft Gottes, um gegen Versuchung widerstehen zu können. Wir können nicht selbst mit dem Teufel und seinen Methoden fertig werden. Wir müssen Gott um seinen Schutz bitten.

Wann immer du beten möchtest, kannst du dich an das Gebet Jesu erinnern. Es wird dir helfen, über alles mit deinem himmlischen Vater zu reden.

? **W**as können wir von Jesus über das Beten lernen?

! **J**esus möchte, dass wir lernen, unserem Vater alles zu sagen, was uns bewegt. Und er möchte, dass wir eines ganz sicher wissen: Unser himmlischer Vater ist so groß und gut, er wird auf alle unsere Gebete hören. Aus diesem Grund lehrte Jesus die Jünger das Vaterunser.

Manchmal ist es ganz einfach zu beten. Aber manchmal sind wir zu müde oder zu faul – oder es fällt uns nichts ein, was wir beten sollen. Und manchmal, seien wir ehrlich, haben wir auch keine Lust zu beten. Jesus kann und will uns dabei helfen.

Puzzelst du manchmal? Dann weißt du bestimmt, dass das Puzzeln einfacher ist, wenn man erst den Rand zusammensetzt und dann die übrigen Teile einfügt. Jesus hat uns ein Gebet gegeben, das uns etwa wie ein solcher Puzzle-Rahmen helfen kann. Wir können unsere Gebete wie kleine Puzzleteile darin einfügen. – Wenn es dir schwer fällt zu beten, dann denk an diesen Rahmen, den Jesus uns gab: das Vaterunser. Beginn mit einer der Bitten und denk darüber nach, was sie bedeutet. Dann wirst du ganz von selbst anfangen, mit dem himmlischen Vater zu reden – auch über andere Dinge.

 Jesus sagt: »Leiere deine Gebete nicht herunter wie Leute, die Gott nicht kennen. Sie meinen, Gott würde schon antworten, wenn sie nur viele Worte machen. Nein, euer Vater weiß genau, was ihr braucht, noch ehe ihr ihn um etwas bittet.« (Matthäus 6,7-8)

Lies nach

Das Gebet, das Jesus seine Jünger lehrte, findest du in Matthäus 6,9-13.

Red drüber

Für welche Dinge kannst du heute beten? Denke außer an dich selbst auch an deine Familie und deine Freunde.

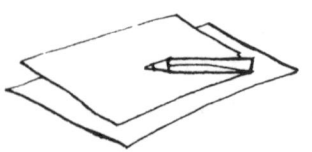

Fang an

Mal einige große Kästen und notiere in jedem eine der Bitten des Vaterunsers. Und dann schreib für jede Bitte mit in den Kasten, worüber du an diesem Punkt mit dem himmlischen Vater reden willst.

? Was kann meiner Liebe zu Jesus im Weg stehen?

Die Menschen, die Jesus zuhörten, fanden es sehr aufregend, wenn er vom kommenden Reich Gottes erzählte. Sie strömten herbei, um Jesus predigen zu hören und seine Wunder zu sehen. Sie hörten ihm gerne zu und waren begeistert von dem, was er tat.

Dann erklärte Jesus ihnen, wie man ihm nachfolgen und Bürger dieses Reiches werden kann. Das erschien ihnen gar nicht so einfach. Die Menschen wollten die Macht Jesu sehen, sie wollten, dass er ihre Krankheiten wegnahm, aber sie wollten nichts über ihre Sünde hören. Also wandten sich immer mehr Menschen von ihm ab. Bald blieben nur noch die Jünger übrig. Aber auch die verließen ihn, als Jesus verhaftet wurde. Sie hatten Angst und Jesus wusste das. Die Jünger kamen nach Golgatha, als er starb. Und obwohl er bestimmt enttäuscht von ihnen war, hörte er nie auf, seine Jünger zu lieben. So kam er auch erst zu ihnen nach seiner Auferstehung.

Für uns heute ist das ganz genauso. Jesus ruft uns auf, ihm nachzufolgen. Aber vieles hält uns davon ab. Wir stehen oft in der Gefahr, andere Dinge wichtiger zu nehmen als ihn. Vielleicht steht er dann an zweiter Stelle bei uns, dann an dritter,

119

an vierter ... und irgendwann ist uns gar nicht mehr wichtig, was Jesus für unser Leben möchte.

Jesus lehrt seine Jünger, dass zwei Dinge seiner Liebe wirklich im Weg stehen können:

Zum einen können das die Dinge sein, die wir unbedingt haben möchten. Wir sehen ja vieles, was uns ungeheuer wichtig erscheint und was wir gern besitzen möchten. Wir meinen dann schnell, dass wir diese Dinge unbedingt brauchen für unser Leben. Solche Dinge können zu richtigen Göttern für uns werden, die wir verehren. Und das steht der Liebe zu Jesus im Weg.

Zum anderen können uns Sorgen von der Liebe zu Jesus trennen. Zum Beispiel die Sorge darum, was andere wohl von uns denken. Wir achten dann mehr darauf, was andere für unser Leben wichtig finden, als darauf, nach Jesu Willen zu leben.

Jesus sagt uns aber, dass wir uns nicht um solche Dinge zu sorgen brauchen. Gott versorgt auch die Vögel und Blumen mit allem, was sie wirklich nötig haben – also warum sollte er das bei uns nicht schaffen?

Was Jesus von uns möchte, ist nicht so schwer zu verstehen. Er erwartet keine großen Taten von uns, er möchte nur, dass wir seinem Vater im Himmel in allen Dingen vertrauen. Und wir wissen doch, dass wir diesem Vater vertrauen können, weil wir Jesus kennen, seinen Sohn.

? Was kann meiner Liebe zu Jesus im Weg stehen?

! Manchmal beginnen Menschen, die eigentlich Jesus nachfolgen wollen, andere Dinge mehr zu lieben als Jesus. Sie lieben ihren Besitz und die Sorge um ihr eigenes Leben mehr als Jesus.

Jesus hat einmal gesagt: »Wo dein Schatz ist, da ist auch dein Herz« (Matthäus 6,21). Wenn Jesus selbst die große Liebe in unserem Leben ist, werden wir nicht zulassen, dass irgendetwas diese Liebe behindert.

Aber müssen wir auf alles andere verzichten, wenn wir Jesus lieben? Viele Menschen meinen das. Aber Jesus verspricht, dass uns unser himmlischer Vater mit allem beschenken wird, was wir für unser Leben wirklich brauchen.

Simon Petrus hat Jesus einmal danach gefragt: Wenn man ein Jünger wird, muss man dann alles aufgeben, was bisher wichtig war, und bekommt gar nichts dafür?

Jesus antwortete ihm mit einem großen Versprechen: Wenn jemand um Jesu Willen etwas aufgibt, wird er es hundertfach zurückerhalten. Welch eine Aussicht! Erinnere dich immer daran!

Jesus sagt: »Wo dein Schatz ist, da ist auch dein Herz.« (Matthäus 6,21)

Lies nach

In Matthäus 6,19-34 kannst du nachlesen, was Jesus über die falschen Sorgen lehrt, die unserer Liebe zu ihm im Weg stehen können.

Red drüber

Hast du dir schon mal um etwas Sorgen gemacht? Worum? Wie kann dir das Versprechen Jesu da helfen? Sprecht darüber.

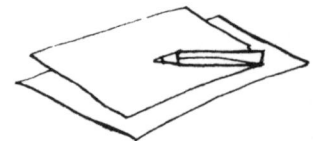

Fang an

Nimm dir ein Blatt Papier und zeichne eine Tabelle mit zwei Spalten. In die linke Spalte schreib alles hinein, was Menschen – auch du – gerne haben möchten. Und in der rechten Spalte notiere alles, was Jesus seinen Nachfolgern verspricht. Vergleich mal!

? Wie kann ich Jesus mein Leben anvertrauen?

Nun sind wir bei der letzten Frage unseres Buches. Du weißt jetzt eine ganze Menge über Jesus, über seine Geburt, sein Leben und Sterben und seine Wiederkunft. Du weißt, was Jesus gesagt und getan hat. Und du hast dir schon eine ganze Menge Gedanken darüber gemacht, wie ein Jünger Jesu leben soll. Es bleibt noch eine Frage übrig: Bist du schon ein Jünger oder eine Jüngerin Jesu?

Am Ende seiner Bergpredigt erklärt Jesus in einem Gleichnis, was es bedeutet, sein Jünger zu sein:

Das Leben gleicht dem Bau eines Hauses. Stell dir vor, zwei Männer beschließen, nebeneinander ihre Häuser zu bauen. Der eine Mann beginnt sofort mit dem Bauen auf dem Grundstück, das ihm gehört. Er kommt zügig voran, bald ist ein Dach auf dem Haus und er kann einziehen.

Der andere Mann braucht viel länger. Er baut nicht zuerst in die Höhe, sondern er beginnt seinen Hausbau mit Graben. Er gräbt so tief, bis er auf festen Stein stößt, und dann beginnt er auf diesem Felsengestein das Fundament für sein Haus zu legen. Schließlich wird auch er mit seinem Bau fertig. Obwohl der zweite Mann für seinen Bau viel länger braucht, sehen die Häuser am Ende ganz ähnlich aus. Der erste Mann hält sich bestimmt für sehr geschickt, weil er so viel schneller fertig geworden ist!

Und dann kommt ein gewaltiger Sturm über das Land. Die Männer schauen beide aus ihren Häusern, um zu sehen, was da geschieht. Der Himmel wird ganz dunkel und es regnet unaufhörlich. Das geht einige Tage so; der Fluss des Ortes führt langsam Hochwasser und das Wasser fließt über die Straßen. Und dann? Das Wasser durchweicht den Boden – und das Haus des ersten Mannes beginnt wegzurutschen! Es gibt ein großes Getöse, und das Haus bricht zusammen. Der zweite Mann hört diesen Krach und will zu seinem Nachbarn laufen – aber dessen Haus ist einfach nicht mehr da. Sein eigenes Haus aber steht ganz sicher da; er hat es auf ein solides Fundament gestellt, dem auch ein großer Sturm nichts anhaben kann. »Warum hat mein Nachbar nicht auf mich gehört«, fragt sich der Mann. »Ich habe ihm doch immer wieder gesagt, dass er erst ein Fundament haben muss!«

Als Jesus diese Geschichte erzählt hatte, stellte er anschließend seinen Zuhörern eine Frage: »Bist du wie der zweite Mann, der sein Lebenshaus auf ein gutes Fundament stellt, oder baust du dein Haus auf Sand?«

Was meint Jesus damit? – Unser Leben ist wie ein Haus. Und wenn wir kein gutes Fundament haben, dann können wir den vielen Stürmen im Leben nicht standhalten.

Jesus selbst ist der Felsen, auf dem wir unser Leben bauen können. Er möchte, dass wir ihm vertrauen, ihn lieben und unser Leben auf ihn bauen. Wenn wir das tun, können die Stürme uns nichts anhaben, weil Jesus als unser Lebensfundament uns trägt.

? **W**ie kann ich Jesus mein Leben anvertrauen?

! **W**enn Jesus uns in seine Nachfolge ruft, dann möchte er zwei Dinge von uns: Er möchte, dass wir ihm als

unserem Retter vertrauen und ihm als unserem Herrn folgen. Er verspricht, sich immer um uns zu kümmern, uns zu helfen und uns eines Tages ganz zu sich zu holen, damit wir für immer bei ihm leben können.

Das Wichtigste im Leben ist es, Jesus zu kennen und ihn zu lieben. Wenn wir zu ihm beten und ihn darum bitten, unser persönlicher Retter zu werden, vergibt er uns unsere Schuld. Wir gehören zu seinem Reich, wenn wir ihm sagen, dass wir gern zu ihm gehören wollen. Dann sind wir seine Jünger.

Wir können uns an seiner Hand festhalten – und er nimmt unsere Hände in seine. Er wird uns immer leiten und begleiten, wohin wir auch gehen und was wir auch tun. Selbst wenn etwas in unserem Leben schief geht, wird er noch immer zu uns stehen. Er wird uns nie verlassen.

Wenn wir Jesus vertrauen und ihm folgen, bauen wir unser Lebenshaus auf einen festen und stabilen Grund. Es kann nicht zerstört werden.

Also: Bevor du dieses Buch aus der Hand legst, nimm die Chance wahr, ein Leben im Vertrauen zu Jesus zu beginnen oder ihm noch einmal zu sagen, dass du mit ihm leben möchtest.

Jesus sagt: »Ich bin das Licht der Welt. Wer mir nachfolgt, der wird nicht wandeln in der Finsternis, sondern wird das Licht des Lebens haben.« (Johannes 8,12)

Lies nach

Lies in Matthäus 7,24-27 nach, was Jesus über die unterschiedlichen Fundamente von (Lebens-) Häusern sagt.

Red drüber

Jesus beschreibt, wie manche Menschen ihr Leben auf einem Fundament bauen, das nicht wirklich trägt. An welche Arten von »Fundament« hat er dabei wohl gedacht? Beschreib mit deinen Worten, welches Fundament wirklich trägt!

Fang an

Kannst du herausfinden, wie die Häuser zur Zeit Jesu gebaut wurden und wie sie aussahen? Dann mal die Geschichte, die Jesus erzählt, in vier Bildern.

VERZEICHNIS DER FRAGEN

Jesu Weg ans Kreuz

Jesus ruft uns in seine Nachfolge